Melanie Fröhlich / Cathrin Rattay
Prof. Dr. Jost Schneider

Effizienter korrigieren
Das Praxisbuch

Profi-Tipps und Materialien aus der Lehrerfortbildung

Auer Verlag GmbH

Gedruckt auf umweltbewusst gefertigtem, chlorfrei gebleichtem
und alterungsbeständigem Papier.

1. Auflage 2010
Nach den seit 2006 amtlich gültigen Regelungen der Rechtschreibung

Illustrationen: Steffen Jähde
Satz: krauß-verlagsservice, Augsburg
Druck und Bindung: Franz X. Stückle Druck und Verlag, Ettenheim
ISBN 978-3-403-0**6572**-2

www.auer-verlag.de

„Ich bin gerne Lehrer, aber dieses leidige Korrigieren verdirbt mir wirklich den Spaß an der Sache!"
„Das nächste Wochenende kann ich wieder mal abhaken: Zu Hause warten noch drei dicke Stapel mit insgesamt 94 Klausuren auf mich."
„Ich habe zwei Korrekturfächer! Da bleibt für pädagogische Extras keine Zeit mehr!"

Diese und ähnliche Stoßseufzer bekommt man immer wieder zu hören, wenn man mit Lehrern über ihren Beruf spricht. Das Korrigieren wird meistens als notwendiges Übel wahrgenommen und nur in Einzelfällen mit Interesse und Begeisterung erledigt. Das vorliegende Buch wird das leider nicht von Grund auf ändern können. Das Korrigieren ist eine zu fremdbestimmte, zu nervenzehrende und zu zeitaufwendige Arbeit, als dass sich daraus ein faszinierendes Hobby machen ließe.

Gleichwohl kann die Korrekturarbeit durchaus zügiger erledigt und auch mit größerer Befriedigung durchgeführt werden, wenn man die **Tipps und Tricks** kennt, die auf den folgenden Seiten dargestellt werden. Als Dozenten des Querenburg-Institutes haben wir innerhalb der letzten Jahre viele Dutzend Lehrerfortbildungen zum Thema ‚Effizienter korrigieren' durchgeführt und wollen mit diesem Buch nicht zuletzt die vielfältigen Anregungen und Erfahrungen weitergeben, die wir dabei von Lehrern aller Schulformen vermittelt bekommen haben.

Tatsächlich zeigt die Praxis, dass viele Kollegen[1] im Lauf der Zeit Mittel und Wege gefunden haben, sich gewissermaßen immer wieder selbst zu überlisten und die ungeliebte Korrekturarbeit trotz innerer und äußerer Widerstände **fristgerecht und ordnungsgemäß** zu erledigen. Beachtet man hierbei die im vorliegenden Buch beschriebenen Prinzipien der nachhaltigen Effizienzsteigerung, so kann nach unserer Erfahrung im Durchschnitt ein Zeitgewinn von ungefähr 15 bis 20 Prozent realisiert werden. Das klingt vielleicht nicht sensationell, doch wenn man alle Zeiten aufaddiert, die ein Lehrer im Laufe seines Berufslebens für das Korrigieren aufwenden muss, so entspricht dies immerhin einer Zeitersparnis von mehreren hundert Lebens- und Arbeitstagen. Testen Sie selbst, wie viel Nutzen Sie persönlich aus unseren gesammelten Tipps und Tricks ziehen können!

1 Das generische Maskulinum bezeichnet hier und in den folgenden vergleichbaren Fällen beide natürlichen Geschlechter.

1. EINLEITUNG *(Jost Schneider)*

1.1 EFFIZIENZBEGRIFF

Der Ausdruck ‚Effizienz' meint in diesem Buch das Verhältnis zwischen Aufwand und Nutzen. Eine Steigerung der Effizienz kann folgerichtig auf zwei Wegen erreicht werden, nämlich einerseits durch eine **Verringerung des Aufwandes** und andererseits durch eine **Steigerung des Nutzens**. Beide Aspekte werden in diesem Buch in etwa gleichrangig behandelt. In dieser Einleitung wird zunächst beschrieben, welche der folgenden Kapitel sich mit welchen Aspekten und Facetten der Effizienzsteigerung beschäftigen.

▶ **Verringerung des Korrekturaufwandes**
Es lassen sich vier Formen des Aufwandes unterscheiden, die bei der Korrektur von Bedeutung sind:

❶ **zeitlicher,**
❷ **organisatorischer,**
❸ **intellektueller** und
❹ **emotionaler Aufwand.**

In allen vier Bereichen kann eine Effizienzsteigerung erzielt werden, wenn dabei gewisse Vorgehensweisen beachtet werden.

❶ **Zeitlicher Aufwand**
Ein verbessertes persönliches Zeitmanagement, die Kontingentierung der Korrekturzeit, die sinnvolle Gestaltung und Verwendung von Erwartungshorizonten, die Portionierung von Rand- und Schlusskommentaren sowie der routiniertere Umgang mit Plagiaten können wesentlich dazu beitragen, dass die Korrekturzeiten zusammenschrumpfen bzw. ein von Ihnen selbst gesetztes Limit nicht überschreiten. In den Kapiteln 2, 4, 5 und 7 finden Sie detaillierte Hinweise, wie Sie konkret vorgehen können, um Ihre individuelle Zeitplanung zu optimieren.

❷ **Organisatorischer Aufwand**
Wesentliche Fortschritte bei der Effizienzsteigerung können auch dadurch erzielt werden, dass Sie bei der Prüfungsvorbereitung und -durchführung enger mit Ihren Kollegen kooperieren, dass Sie schulweit bestimmte Vorgehensweisen vereinheitlichen, dass Sie – im Rahmen der gesetzlichen Möglichkeiten – bestimmte Prüfungsformen bevorzugen und dass Sie eventuell sogar neue Arbeitszeitmodelle ausprobieren, die zu einer gerechteren Verteilung der Arbeitslasten im Kollegium führen. Es liegt nicht in der Hand eines Einzelnen, solche Maßnahmen einzuführen. Doch da der Großteil des Kollegiums stark davon profitieren wird, ist es im Normalfall nicht schwierig, diese Punkte auf die Agenda der Lehrerkonferenz zu bringen und Mehrheiten für ihre Realisierung zu organisieren. (Nur die Einführung neuer Arbeitszeitmodelle ist erfahrungsgemäß ein schwierigeres Projekt, das längere Vorbereitung erfordert.) In den Kapiteln 2 und 3 des vorliegenden Buches erläutern wir, welche Schritte konkret unternommen werden müssen, damit der organisatorische Korrekturaufwand reduziert werden kann.

❸ **Intellektueller Aufwand**
Ein Narr fragt mehr, als zehn Weise beantworten können. Selbst der schwächste Schüler kann Fehler produzieren, die jeden Fachgelehrten in Erklärungsnöte bringen und die den Erklärungs- und Vermittlungsaufwand rasant in die Höhe treiben. Treffen Sie Vorsorge, damit Ihnen daraus nicht die berüchtigten Zeitfresser erwachsen, an denen man sich festbeißt und die den Arbeitsaufwand unverhältnismäßig erhöhen! Im zweiten, im fünften und im achten Kapitel, das sich zusätzlich mit der in dieser Hinsicht besonders wichtigen Plagiatsproblematik beschäftigt, demonstrieren wir, wie auch der intellektuelle Aufwand auf ein sach- und situationsadäquates Maß reduziert werden kann.

❸ **Emotionaler Aufwand**
Zur Unbeliebtheit des Korrigierens trägt ganz wesentlich bei, dass viele Kollegen diese Tätigkeit gefühlsmäßig ablehnen. Man möchte als Lehrer helfen, motivie-

ren, fördern, unterstützen, nicht aber richten und bewerten, abmessen und bestrafen. So kommt es, dass sich manche Kollegen mit der Leistungsbeurteilung sehr schwertun und für die Notenfindung kaum weniger Zeit benötigen als für die Anfertigung von Randbemerkungen und Schlusskommentaren. Ihre im Grunde sehr ehrenwerten Skrupel können und sollen nicht einfach durch eine rigide Schematisierung des Vorgehens bei der Notenfindung ausgelöscht werden. Es hilft jedoch, wenn man sich den pädagogischen Leistungsbegriff und die Grundsätze der Leistungsmessung und -beurteilung klar und deutlich vor Augen führt, um diesen Skrupeln an der richtigen Stelle den richtigen Raum geben zu können und um nicht bei jeder Klausur wieder aufs Neue mit sich selbst eine Grundsatzdiskussion über die Gerechtigkeitsproblematik führen zu müssen. In Kapitel 6 beschreiben wir, wie die Leistungsmessung und -bewertung nach humanen pädagogischen Prinzipien und dennoch zügig und souverän durchgeführt werden kann.

- **Steigerung des Nutzens der Korrekturen**
  Um den Nutzen der Korrekturen ist es häufig leider sehr schlecht bestellt. Viele Anstreichungen und Randkommentare bleiben ungelesen oder unverstanden und hinterlassen jedenfalls keine erkennbare Wirkung. Manchmal werden sie sogar aus Prinzip ignoriert und wandern unbeachtet in den Papierkorb. Schade um die kostbare Zeit!

  Wenn Ihre Korrekturen nicht bloß der Hierarchisierung von Schülern nach ihrer – angeblichen oder tatsächlichen – Leistung dienen, sondern fruchtbar pädagogisch wirken und sichtbare Spuren hinterlassen sollen, müssen sie sowohl ihrem Inhalt als auch ihrer Form nach von den Schülern verstanden und angenommen werden können. In den Kapiteln 5 und 7 wird erläutert, wie dies realisiert werden kann, ohne dass Ihnen daraus ein unvertretbarer Mehraufwand erwächst.

  Auch im Hinblick auf den oben bereits thematisierten emotionalen Korrekturaufwand ist diesem Aspekt Beachtung zu schenken, denn nichts ist zermürbender, als wenn man erfahren muss, dass ein beträchtlicher Teil der eigenen Arbeitsleistung regelmäßig ohne jede Wirkung verpufft. Stundenlang Klausuren zu korrigieren, die dann ungelesen in die Mülltonne wandern, ist frustrierend und trägt auf Dauer maßgeblich zur Unbeliebtheit des Korrigierens bei. Weiß ich hingegen, dass meine Verbesserungen auf fruchtbaren Boden fallen und dem Schüler in seinen Bemühungen weiterhelfen, sehe ich den nächsten Klausurstapel doch mit etwas anderen Augen. Eine reine Freude wird das Korrigieren zwar – wie schon eingangs erwähnt – selbst bei maximaler Reduktion des Aufwandes und bei optimaler Steigerung des Nutzens niemals werden, doch wenn es zeitlich limitiert ist und zugleich gute Wirkung zeigt, ist es möglich, diese wichtige Arbeit innerlich zu akzeptieren und zügig zu erledigen.

1.2 SCHULRECHTLICHE GRUNDLAGEN

Zum Abschluss dieser Einleitung soll noch kurz der **juristische Aspekt** des Korrekturhandwerkes angesprochen werden, denn manche Eltern reagieren sehr empfindlich auf bestimmte Fehler, die leicht auftreten können. Zudem behandeln die Schulgesetze und Verordnungen der Bundesländer die Korrekturproblematik nur in sehr allgemeiner Form, sodass kaum konkrete Verhaltensmaximen daraus abgeleitet werden können. Vieles ist in diesem Bereich ‚case law', d. h. die Gerichte greifen auf dokumentierte Einzelfallentscheidungen zurück, was nicht gerade zur Übersichtlichkeit der ganzen Angelegenheit beiträgt. Immerhin lassen sich aber **acht zentrale Punkte** herausfiltern, deren Beachtung in jedem Fall anzuraten ist:

1. Die Leistungsbeurteilung gilt juristisch als ein hoheitlicher Akt (und damit nicht zuletzt als wesentliche Ursache für die Verbeamtung von Lehrern). Die Korrekturtätigkeit kann deshalb nicht an andere Personen delegiert werden, sondern muss **eigenhändig** ausgeführt werden. Auch wenn die Schüler aus pädagogischen Gründen an der Leistungsfeststellung beteiligt werden (s. Kap. 7), muss der Lehrer die (eventuell von einem Geprüften selbst oder von seinen Mitschülern vorgeschlagene) Note in letzter Instanz selbst rechtsverbindlich festsetzen und verantworten.

2. Art, Anzahl und Termin der Prüfung sind **früh genug in angemessener Form bekannt zu geben**. Die in dieser Hinsicht vergleichsweise

detaillierten, in Gesetzen, Verordnungen und fachspezifischen Lehrplänen niedergelegten Vorgaben sind natürlich einzuhalten.

❸ Die Aufgabenstellungen müssen im Hinblick auf ihren Umfang und auf ihren **Schwierigkeitsgrad angemessen** sein, d. h. insbesondere den curricularen Bestimmungen entsprechen.

❹ Die Aufgabenstellung muss **klar und verständlich formuliert** sein. Beispielsweise dürfen Fachtermini, Fremdwörter, fachsprachliche Symbole usw. nur verwendet werden, wenn sie im Unterricht regelmäßig und wiederholt benutzt worden sind.

❺ Die Aufgabenstellung muss sich auf Inhalte beziehen, die auch tatsächlich **im Unterricht schwerpunktmäßig behandelt** worden sind. Im Normalfall gilt der Satz: ‚Was nicht gelehrt wurde, kann nicht geprüft werden'. (Die Vergabe von Kopfnoten wirft an dieser Stelle besondere juristische Probleme auf, da ja z. B. die bloße wiederholte Feststellung von Unpünktlichkeit noch nicht als Vermittlung der Fähigkeit zur Pünktlichkeit aufgefasst werden kann, sofern nicht zusätzlich im Rahmen eines Methodentrainings oder von Wochenplanarbeit das Zeitmanagement eingeübt wurde.)

❻ Es müssen immer **sowohl die Form als auch der Inhalt** der Prüfungsleistung berücksichtigt werden. Auch in Mathematik-Klausuren sind also die Sauberkeit und Ordentlichkeit, die Sprachrichtigkeit usw. zu beachten.

❼ Die Notenfindung muss **nachvollziehbar** sein. Die Prinzipien der Leistungsbewertung müssen plausibel sein und offengelegt werden, damit z. B. eine zielgerichtete häusliche Vorbereitung auf Klassenarbeiten und Klausuren möglich ist.

❽ Die Bewertung hat unvoreingenommen und sachlich zu erfolgen. Insbesondere bei Annotationen ist Vorsicht geboten! Ein Randkommentar wie ‚Unsinn!' oder ‚Wann lernst du es endlich?' wird von Anwälten natürlich sofort in der Luft zerfetzt, weil er als Indiz für eine Aversion oder eine Voreingenommenheit des Korrigierenden gelten kann. Lob ist ausdrücklich erwünscht und darf auch emotionaler wirken (‚Bravo!', ‚Jawohl!'), während **Kritik immer nur in ganz sachlicher Form** vorgetragen werden sollte. In der Schülerberatung oder auch im Unterrichtsgespräch kann es natürlich pädagogisch sinnvoll sein, gelegentlich Enttäuschung zu artikulieren. In der schriftlich fixierten Leistungsbewertung (Randbemerkungen, Schlusskommentare) haben entsprechende unsachliche Äußerungen jedoch nichts zu suchen.

2. ZEIT EINSPAREN *(Jost Schneider)*

Die Korrekturarbeit ist ein gefürchteter Zeitfresser. Nicht selten verbringen Lehrer einen Großteil ihrer Feierabende, Wochenenden, Urlaubszeiten und Feiertage mit dem Durcharbeiten von ewig nachwachsenden Heftstapeln. In der Folge kann es schnell zu **Gesundheitsproblemen** oder auch zu **Störungen des Familienklimas** kommen.

In diesem Kapitel werden **vier Wege** aufgezeigt, um diese Problematik in den Griff zu kriegen. Im Sinne einer Steigerung fangen wir bei den schwächeren Maßnahmen an (deren Wirkung aber u. U. bereits genügt) und enden mit einer Brecheisenmethode, die garantiert funktioniert und die Sie – wenn Sie in gewisser Hinsicht über Ihren Schatten springen – mit einem Schlag zum souveränen Herrscher über Ihre Zeit macht.

1. METHODE (RELATIV WEICH): **PERFEKTIONIERTE KALENDERFÜHRUNG**

Um die Wirkungsweise dieser Methode zu verstehen, gehen wir am besten von jener merkwürdigen Diskrepanz zwischen Selbst- und Fremdwahrnehmung aus, die Sie mit Sicherheit schon selbst registriert haben und unter der nicht wenige Kollegen regelrecht leiden. In der Selbstwahrnehmung der Lehrer ist ihr Beruf ein absoluter ‚Fulltime-Job', der ihnen fast jede Erholungsmöglichkeit raubt und der sogar noch die für die Reproduktion ihrer Arbeitskraft unentbehrlichen Regenerationsphasen in Beschlag nimmt. In der Fremdwahrnehmung derer, die nicht im Bildungssystem tätig sind, gilt das Lehrerdasein hingegen noch immer als besonders geruhsam. Ein paar Unterrichtsstunden pro Woche, lange Ferien und gute Bezahlung: Das sind die Schlagworte, die immer wieder zu hören sind, wenn ‚Outsider' über den Lehrerberuf sprechen. Und die Diskrepanz zwischen der Selbst- und der Fremdwahrnehmung scheint dabei durch noch so berechtigte Klagen und Beschwerden sogar eher zu- als abzunehmen.

Neben schierer Unkenntnis oder blankem Antiintellektualismus gehört in der Regel ein unterdifferenzierter Zeitbegriff zu den wesentlichen Ursachen dieser Diskrepanz. Der besagte ‚Outsider' verwendet in der Regel, seinen eigenen Arbeits- und Lebensbedingungen entsprechend, einen dichotomischen Zeitbegriff, der lediglich zwischen Arbeitszeit und Freizeit unterscheidet: Ist man am Arbeitsplatz, wird gearbeitet. Ist man daheim, hat man Freizeit. Im Lehrerberuf kann man mit einem solchen zweiwertigen Zeitmodell nichts anfangen. Vielmehr benötigt man hier ein **vierwertiges Modell**, in dem zusätzlich zwischen (selbstbestimmter) Dispositionszeit und (fremdbestimmter) Obligationszeit unterschieden wird (vgl. **Abb. 1**).

	OBLIGATIONS-ZEIT	DISPOSITIONS-ZEIT
ARBEITS-ZEIT	Unterricht Konferenzen usw.	Korrektur Unterrichts-vorbereitung usw.
FREIZEIT	Ehrenamt Familiäre Verpflichtung usw.	Faulenzen Spontanausflug usw.

Abb. 1 Vierwertiges Modell

Charakteristisch für den Lehrerberuf ist einerseits, dass der Bereich der Obligationsarbeitszeit, verglichen mit den meisten anderen Berufen, tatsächlich *relativ* schwach ausgeprägt ist. Charakteristisch ist jedoch andererseits auch, dass sowohl die Dispositionsarbeitszeit als auch die Obligationsfreizeit weit überdurchschnittlich stark entwickelt sind. Lehrer müssen sehr viel zu Hause arbeiten (Korrekturen, Unterrichtsvorbereitung), was in vielen anderen Berufen selten oder nie vorkommt. Und in der Freizeit von Lehrern ist außerdem die Relation zwischen der Obligationsfreizeit und der Dispositionsfreizeit sehr oft zu Ungunsten der letzteren verzerrt. Denn Lehrer zeigen ausbildungsbedingt viel Engagement und Selbstdisziplin, d. h. sie halten ‚nebenbei' auch noch viele Vereine, Parteien, Institutionen, Wahlkommissionen usw. am Laufen, da sie wegen ihrer spezifischen Fähigkeiten und Fertigkeiten oft und gerne in die entsprechenden Leitungsgremien gewählt werden. (Die Rede von den ‚Lehrerparlamenten' ist ja in der Tat nicht ganz unberechtigt.) Die oben beschriebene Diskrepanz zwischen der Selbst- und der Fremdwahrnehmung ist also nicht zuletzt darauf zurückzuführen, dass ‚Outsider' mit einem Zeitmodell operieren, das die **berufstypische Mehrbelastung** von Lehrern überhaupt nicht zu erfassen erlaubt.

Für unsere Thematik ist dieses Phänomen insofern von besonderem Interesse, als leider auch viele Lehrer selbst noch mit einem zweiwertigen Zeitbegriff arbeiten und demzufolge ihre eigene Leistung und Beanspruchung nicht angemessen erfassen, beschreiben und vermitteln können. Es kann sogar – wie der Lehrergesundheitsbericht von Uwe Schaarschmidt gezeigt hat[2] – der Fall eintreten, dass Lehrer ihre Obligationsarbeitszeit künstlich auf das für andere Berufsgruppen typische Maß erhöhen oder ihre Dispositionsarbeitszeit durch Ritualisierung und Selbstverpflichtung in Obligationsarbeitszeiten verwandeln, um ihr eigenes schlechtes Gewissen und die Vorwürfe der ‚Outsider' zu neutralisieren. Das ist jedoch ein Irrweg und führt zu übermäßiger Selbstausbeutung und letztlich zur Erkrankung. Weg also mit diesen falschen Gewissensbissen! Und weg auch mit den unberechtigten Vorwürfen der anderen! Ihr Job als Lehrer ist es nicht, täglich von 7 bis 17 Uhr in der Schule zu sein und dann noch zusätzlich in den Nachtstunden und am Wochenende die liegen gebliebenen Dispositionsarbeiten zu erledigen! Vielmehr ist es Ihre Aufgabe, im Sinne unseres vierwertigen Modelles Ihre Lebens- und Arbeitszeit **auf alle vier Felder** so professionell zu verteilen, dass Ihr Arbeitgeber, Ihre Familie und Freunde und nicht zuletzt auch Sie selbst wenn schon nicht begeistert, dann aber doch wenigstens zufrieden und gesund sind. Lernen Sie, langfristig mit Ihren Kräften zu haushalten und Ihr Engagement in allen vier Feldern unserer Tabelle zu kalkulieren und zu planen!

Ein erster wesentlicher Schritt in diese Richtung besteht in der **Perfektionierung Ihrer Kalenderführung**. Grundsätzlich sollten Sie jeweils kurz vor dem Wochenende für die folgende Arbeitswoche eine (realistische!) Gesamtplanung machen. Als wichtiges Instrument erweist es sich dabei, die in unserer Tabelle benutzte Unterscheidung in drei Farben bzw. Grautöne aufzugreifen und auch Ihre Kalendereintragungen entsprechend zu differenzieren. So könnten Sie etwa mit Kuli die Obligationsarbeitszeiten markieren und mit grünem Filzstift feste Zeiträume für die Dispositionsfreizeit reservieren. An diesen beiden Zeitblöcken kann und darf nichts mehr geändert werden! Die Dispositionsarbeitszeit und die Obligationsfreizeit sollten demgegenüber in variabler Form in Ihren Kalender eingetragen werden, also beispielsweise mit Bleistift oder auf kleinen gelben Klebezettelchen, die leicht an eine andere Stelle verschoben werden können, wenn etwas dazwischenkommt oder wenn Sie ein anderes derartiges Zettelchen zu einem bestimmten Zeitpunkt schneller, besser oder mit mehr Freude abarbeiten können. (Um zu vermeiden, dass bestimmte Zettelchen auf ewig durch Ihren Kalender wandern, können Sie bei jeder Verschiebung nach hinten ein Eckchen davon umknicken und festlegen, dass Zettelchen mit drei oder vier Eselsohren kein weiteres Mal umgeklebt werden dürfen.)

Natürlich handelt es sich bei dieser differenzierteren Kalenderführung letztlich um ein Mittel der Autosuggestion. Doch Autosuggestion wirkt! Es ist ein beträchtlicher Unterschied, ob Sie eine solche strukturierte Kalenderführung machen oder ob Sie nur fortlaufend eine To-do-Liste führen und sich dabei ständig vor Augen halten, was alles noch ansteht und dass Sie im Grunde keine freie Sekunde haben, weil eben immer noch diese und jene Stunde vorzubereiten oder diese und jene Klassenarbeit/Klausur zu korrigieren ist. Probieren Sie es aus! Mit einem realistisch kalkulierten, farblich gestalteten Wochenplan geht man entspannter in das Wochenende und in die kommende Woche als mit einer übervollen Agenda, deren Anblick einen in Angst und Schrecken versetzt und entmutigt.

Bei Ihnen reicht das nicht aus? Sie haben so viel zu tun, dass es letztlich egal ist, wohin Sie welche Zettelchen kleben? Dann wollen wir zu den Methoden übergehen, die nicht bloß eine Strukturierung, sondern eine echte Reduktion des Zeitaufwandes mit sich bringen.

2. METHODE (MITTEL): **MEHR TEAMWORK**

Nicht die unproblematische Durchschnittsklausur oder -hausarbeit ist es, die unsere Zeit dahinschmelzen lässt. Die echten Zeitfresser sind jene Arbeiten, (1) in denen praktisch in jeder Zeile vier oder fünf Fehler zu verbessern oder unleserliche Wörter mühsam zu entziffern sind bzw. (2) in denen besonders krause, unverständliche, unlogische oder agrammatische Formulierungen zu finden sind, deren Analyse und Kommentierung

2 Schaarschmidt, Uwe (Hg.), *Halbtagsjobber? Psychische Gesundheit im Lehrerberuf – Analyse eines veränderungsbedürftigen Zustandes.* Weinheim u. a. ²2005. – Vgl. auch www.abc-l.de

eventuell sogar unsere eigenen Kompetenzen überschreitet. Denn auch und gerade der unkundigste Sprachnutzer kann die verzwicktesten Fehler konstruieren!

Dazu nur ein winziges Beispiel: In einer Klausur kommt ein Schüler zu dem Fazit, „man müsse Organisationen wie Amnesty International künftig mehr helfen und unterstützen, weil das erfordern die Menschenrechte". Wie schnell realisieren Sie selbst, dass ‚Organisationen' hier einerseits im Dativ (jemandem helfen) und andererseits im Akkusativ (jemanden unterstützen) steht bzw. stehen müsste? Und was schreiben Sie an den Rand? Eine verbesserte Formulierung? Welche? Oder nur den Hinweis ‚Kongruenz'? Handelt es sich überhaupt um einen Fehler? Findet man derartige Konstruktionen nicht sehr oft in der Literatur (Goethe)? Und wie kommentiert man die fehlerhafte Verbzweitstellung (statt der korrekten Endstellung des Verbes) nach ‚weil'? Nur ‚Sy' an den Rand schreiben? Oder ‚Gr'? Oder das ‚weil' streichen und ‚denn' darüberschreiben?

Wir alle wissen aus Erfahrung, dass es in den Klausuren und Hausarbeiten bestimmter Schüler von Problemfällen dieses Typs nur so wimmelt. Leicht hat man eine Viertel- oder eine halbe Stunde damit zugebracht, diese Stellen zu analysieren, den Fehler für sich selbst auf den Begriff zu bringen, ihn dann in eine dem konkreten Schüler vermutlich verständliche Form zu übertragen und ihn schließlich zu notieren. Wie lässt sich in solchen Fällen Zeit einsparen?

1. Regel

Wenn Sie bei der ausführlichen Korrektur der ersten zwei oder drei Seiten einer Arbeit feststellen, dass darin mehr falsch als richtig ist und praktisch in jeder Zeile etwas zu kommentieren wäre, sollten Sie zu einer **Kombination aus schriftlicher und mündlicher Korrektur** übergehen. Die Fehler auf den restlichen Seiten werden nur noch kurz mit den bekannten Kürzeln (Z, R, Gr usw.) markiert, aber nicht näher analysiert und kommentiert. Stattdessen reservieren Sie in Ihrem Kalender (Dispositionsarbeitszeit, gelber Klebezettel) für den Schüler einen Sprechstundentermin von 15 bis 20 Minuten Dauer, stempeln unter die Arbeit eine Einladung bzw. ‚Vorladung' zu diesem Termin und notieren auf einem separaten Zettel stichpunktartig im Sinne einer Beratungsvorbereitung, was Sie – quasi im Teamwork mit dem Schüler – in dieser Sprechstunde erarbeiten möchten. Dabei muss in der Regel eine Konzentration auf zwei oder drei besonders häufige oder auffällige Fehlerarten erfolgen. Besser in einer solchen Beratung durch gezieltes Nachfragen und Vormachen diese zwei Fehlerquellen nachhaltig eliminieren als eine mit Analysen und Hinweisen überfrachtete Korrektur zurückgeben, die wahrscheinlich nicht gelesen bzw. nicht verstanden wird. Was die Zeitplanung betrifft, werden Sie praktisch immer auf der Gewinnerseite stehen, wenn Sie in solchen Härtefällen zur Kombination aus schriftlicher und mündlicher Korrektur übergehen. Und was die Wirkung der Korrektur angeht, braucht dieses Verfahren erst recht keinen Vergleich mit der ausschließlich schriftlichen Variante zu scheuen! Und falls Ihre Sprechstundenzeiten mit den Stundenplänen der Schüler kollidieren, können solche Gespräche auch während einer Stillarbeitsphase durchgeführt werden.

2. Regel

Wenn Sie in einer Arbeit auf eine ganz unleserliche oder offenbar fehlerhafte, aber schwer zu beschreibende und zu analysierende Passage stoßen, sollten Sie sich ein **Zeitlimit** für die Lösung dieses Korrekturproblems setzen und bei Fristüberschreitung Hilfe im Kollegenkreis suchen. Wir empfehlen die Festsetzung einer zweiminütigen Grübel- und einer sich anschließenden dreiminütigen Recherchephase. Sollten Sie also im Falle der oben genannten Beispiele nach fünf Minuten noch nicht wissen, ob Sie ‚Kongruenz' oder irgendetwas Anderes an den Rand schreiben sollten und ob Sie einen ganzen, einen halben oder keinen Fehlerpunkt dafür vergeben, sollten Sie die Analyse dieses Falles unterbrechen und das Problem an Ihr **Korrekturteam** delegieren.

Es gibt verschiedene Spielarten derartiger Teams. In der einfachsten Variante vereinbaren zwei Fachkollegen, sich bei Bedarf für eine halbe Stunde im Lehrerzimmer zusammenzusetzen (oder miteinander zu telefonieren), um derartige Problemfälle gemeinsam durchzugehen. Diese Maßnahme ist leicht zu organisieren, doch ihre Effizienz hängt ganz von der Fachkompetenz und vom Erfahrungswissen dieser beiden Personen ab. Sinnvoller ist es im

Prinzip, die gesammelte Kompetenz der kompletten Fachgruppe oder sogar des gesamten Kollegiums für diese Zwecke zu aktivieren. Zu diesem Zweck können Sie auf einem passwortgeschützten Sektor Ihrer Schulhomepage ein kollegiumsinternes **Chatforum** einrichten, das zu bestimmten festgesetzten Zeiten (z. B. Di und Do von 18 bis 19 Uhr) von allen Ratgebern und Ratsuchenden besucht werden kann und in dem dann ein bestimmtes Korrekturproblem sehr schnell gelöst wird. Es kann helfen und ist durchaus zu empfehlen, dass sich die Kollegen hierbei anonym einwählen können, denn natürlich besteht sonst die Gefahr, dass das Zutagetreten der ganz natürlichen, unbestreitbaren Kompetenzunterschiede eine unangebrachte Scheu oder Zurückhaltung provoziert und die Akzeptanz dieser ganzen Maßnahme gefährdet.

Es hängt also auch von der Gruppendynamik in Ihrem Kollegium ab, ob bei Ihnen schlagkräftige Korrekturteams eingerichtet werden können. Man darf es als kleines Alarmzeichen deuten und man sollte über Maßnahmen der Teamentwicklung nachdenken, wenn es in Ihrem Haus nicht gelingt, diese elementare Form der kollegialen Beratung und Unterstützung zu institutionalisieren.

Wo die ‚Fehler der Woche' im Team abgearbeitet werden, kann und sollte dies mit fachlicher Neugierde und einem guten Schuss Humor erledigt werden. (Übrigens ist dies auch eine der wirksamsten, angenehmsten und unaufwendigsten Formen der kontinuierlichen fachlichen Fortbildung.) Manche Teams wählen nebenher aus Jux jeweils die Stilblüte der Woche und geben der Sache dadurch eine Wendung ins Humoristische. Jedenfalls braucht niemand zu befürchten, dass es an Beispielen für lehrreiche Fehler mangeln könnte. Und außerdem sollte in diesen Mini(tele)konferenzen natürlich nicht bloß die richtige Lösung geliefert, sondern auch die Fehlerentstehung und -prävention erörtert werden.

3. METHODE (HART): SCHULINTERNE PRÜFUNGSDATENBANK

Ein beträchtlicher Teil der für die Durchführung von Prüfungen aufzuwendenden Zeit wird von der Formulierung der Aufgaben, der Entwicklung der Erwartungshorizonte und der Beschaffung von Materialien (Textvorlagen, Tabellen, Grafiken usw.) in Anspruch genommen. Es ist eine lästige (und oft weitgehend überflüssige, weil redundante) Arbeit, dies alles individuell und für jede Prüfung von Grund auf neu anzufertigen. Selbst in kleinen Schulen lohnt es sich auf Dauer, in Papierform im Lehrerzimmer oder elektronisch in Ihrem Intranet (passwortgeschützter Zugang nur für Lehrer auf die Schulhomepage) eine Datenbank anzulegen, in der alle entsprechenden Dokumente gespeichert sind, sodass jeder Kollege jederzeit schnell und leicht darauf zurückgreifen kann.

Öffnet man die Datenbank, sieht man zunächst nur eine Tabelle, auf deren y-Achse die verschiedenen Schulfächer und auf deren x-Achse die einzelnen Jahrgangsstufen eingetragen sind. Klickt man in ein Feld (also z. B. in das Feld ‚Deutsch, 3. Klasse' oder in das Feld ‚Mathematik, 8. Klasse'), öffnet sich ein Fenster mit einer schematisierten Gliederung (z. B. mit den Rubriken ‚Unterrichtsmaterialien', ‚Prüfungsaufgaben' und ‚Übungsaufgaben'), von der aus dann zu den konkreten einzelnen Dokumenten weitergeklickt werden kann. Dabei kann es sich um Links zu irgendwo im Internet vorhandenen Dokumenten, um Verknüpfungen mit von Ihnen selbst erstellten und/oder digitalisierten Dokumenten (z. B. Erwartungshorizonten) und schließlich um Signaturen von Werken aus Ihrer Lehrerbibliothek handeln.

Wird eine solche Datenbank auch nur für einige Jahre konsequent gepflegt, bietet sie eine überwältigende Fülle an Texten, Bildern und Tabellen und erleichtert damit die Vorbereitung von Prüfungen aller Art. Gewiss wird man die darin zu findenden Materialien, gerade bei Prüfungen, nicht 1:1 übernehmen können und wollen, doch es macht einen enormen Unterschied aus, ob ich eine Klausur von Grund auf neu konzipieren oder ob ich lediglich eine bereits ausformulierte Aufgabenstellung, einen bereits vorhandenen Erwartungshorizont und ggf. bereits vorhandene Materialien variieren muss.

Weitere Hinweise zur Einrichtung und Verwendung einer derartigen Datenbank finden Sie in der folgenden, von Dozenten des Querenburg-Institutes verfassten Publikation: Kress/Rattay/Schlechter/Schneider: Individuell fördern – Das Praxisbuch. Donauwörth: Auer 2010.

4. METHODE (EISENHART): **INDIVIDUELLE KONTINGENTIERUNG DER KORREKTURZEIT**

Die mit Abstand wirkungsvollste Methode zur Verringerung der zeitlichen Belastung bei Korrekturarbeiten besteht in der Budgetierung oder Kontingentierung der Korrekturzeit. Jeder kann diese Methode erlernen und damit zum souveränen Chef seines Terminkalenders werden! Voraussetzung dafür ist nur, dass Sie Ihre innere Einstellung zur Arbeit den Realitäten und insbesondere auch den Vorgaben Ihres Arbeitsvertrages anpassen. Gerade dies fällt allerdings vielen Kollegen ganz besonders schwer. Jedenfalls dürfte hierin die Hauptursache dafür zu suchen sein, dass die eigentlich sehr simple und gleichzeitig absolut zuverlässige Methode der Zeitbudgetierung im Lehrerberuf bisher zu selten genutzt wird. (Wenngleich uns bei unseren Lehrerfortbildungsveranstaltungen zu diesem Thema praktisch in jeder Schule einige Kollegen berichten, dass sie die Methode erlernt und letztlich sehr gute Erfolge damit erzielt haben.)

Da in bestimmten Wochen und Monaten deutlich mehr Korrekturarbeit anfällt und man daher das Korrigieren als ein klassisches **Stoßgeschäft** bezeichnen kann, gestaltet sich das Erlernen der Budgetierungsmethode im Lehrerberuf etwas komplizierter als in jenen Berufen, in denen mit einem stetigeren Arbeitsanfall zu rechnen ist. Gleichwohl bedarf es keiner höheren Mathematik, um eine auf den individuellen Fall zugeschnittene Kontingentierung zu realisieren. Wir zeigen Ihnen im Folgenden, wie Sie in sieben Schritten zu Ihrer persönlichen, genau auf Ihre Bedürfnisse zugeschnittenen Lösung kommen:

▶ **1. Schritt: Ermittlung Ihrer persönlichen Wochenarbeitszeit**

Die oben angesprochene Differenzierung zwischen Obligations- und Dispositionsarbeitszeit, die Problematik der Anrechnung unterrichtsfreier Arbeitszeiten (Schulferien ungleich Urlaub) und auch das Berufsethos vieler Kollegen machen es in der Praxis unmöglich, die Wochenarbeitszeit einfach aus dem Arbeitsvertrag abzuleiten, wie dies in Berufen mit einem geringen Anteil an Dispositionsarbeitszeit möglich und üblich ist. Es hat deshalb wenig Sinn, von einer Jahresarbeitszeit (ca. 1800 Zeitstunden) auszugehen und diesen Wert einfach auf die einzelne Woche herunterzubrechen.

Sie sollten sich fragen, welchen Wert, der bei einer vollen Stelle unter 46 Stunden pro Woche liegen sollte, Sie persönlich in Ihrer konkreten Lebenssituation für realistisch (und medizinisch vertretbar) halten. Einerseits versichern uns in unseren Veranstaltungen praktisch alle Kollegen, dass sie es gewissermaßen aus Gründen der Berufsehre für unangebracht halten, strikt auf Einhaltung der 40-Stunden-Woche zu pochen. Und andererseits bestätigt uns der Lehrergesundheitsbericht, dass durchschnittliche Wochenarbeitszeiten von mehr als 46 Stunden selbst unter sehr günstigen körperlich-medizinischen bzw. häuslich-sozialen Rahmenbedingungen (Unterstützung im Haushalt, harmonisches Familienleben, keine Sonderbelastung durch Pflegefälle usw.) auf die Dauer schädlich sind und zu ernsthaften Gesundheitsproblemen, zu sozialer Isolation (auch in der eigenen Familie!) sowie zu suboptimaler Arbeitsqualität führen.

Gehen Sie also unbedingt von Ihren tatsächlichen Möglichkeiten aus! Wenn Ihre private Lebenssituation gerade sehr günstig, Ihr Gesundheitszustand tadellos, Ihr Idealismus ungebrochen und Ihr Arbeitseifer sehr groß ist, dann können Sie als Ausgangswert 45 oder 46 Wochenstunden wählen. Bitte nehmen Sie auf keinen Fall eine höhere Zahl, denn mittel- und langfristig hätte dies für Sie selbst und Ihre Schüler (und auch für die Solidargemeinschaft der Krankenkassenbeitragszahler) die negativsten Folgen! Sollte es hingegen in Ihrem Privatleben Schwierigkeiten geben, Ihr Zipperlein sich gerade wieder gemeldet haben, eine Reihe beruflicher Misserfolge hinter Ihnen liegen und/oder Ihre Motivation gerade auf dem Nullpunkt sein, wäre eher eine persönliche Wochenarbeitszeit von 41 oder 42 Stunden anzuraten.

Da die hier vorgeführte Berechnung für jedes Halbjahr neu durchgeführt werden muss, haben Sie immer wieder Gelegenheit, sich neu einzustufen und die persönliche Wochenarbeitszeit Ihrer aktuellen Lebenssituation anzupassen. Zögern Sie nicht, sich ggf. für das nächste Halbjahr höher oder niedriger einzustufen als bisher! Niemand hat etwas davon, wenn Sie sich komplett verausgaben und nach einigen Jahren vom Arzt oder vom Scheidungsrichter die Quittung für Ihr Engagement vorgelegt bekommen.

2. Schritt: Einberechnung von Schulferien und Urlaubszeiten

Die im ersten Schritt ermittelte persönliche Wochenarbeitszeit gilt für das gesamte Halbjahr abzüglich Ihrer persönlichen Urlaubszeiten, für die nach unserer Auffassung und auch in Hinsicht auf die alarmierenden Erlebnisse des Lehrergesundheitsberichtes von Uwe Schaarschmidt pro Kalenderjahr sechs volle Wochen (30 Urlaubstage ohne jede Arbeit) einkalkuliert werden sollten. Da diese persönlichen Urlaubszeiten in die Schulferien fallen müssen, ergibt sich fast automatisch die Einteilung in drei Wochen Urlaub in den großen Schulferien sowie jeweils eine Woche im Herbst, zu Weihnachten und zu Ostern. Tatsächlich kommen wir damit zu einer recht gleichmäßigen, gesundheitsförderlichen Verteilung der Urlaubszeiten auf das Jahr. Natürlich kann es in Einzelfällen zu begründeten Abweichungen von diesem Schema kommen, indem Sie beispielsweise in einem Jahr keinen Osterurlaub und dafür vier statt drei Wochen Sommerurlaub machen. Wichtig ist nur, dass dies dann eine Ausnahme bleibt, dass Sie mindestens einmal in jedem Jahr mindestens drei Wochen am Stück Urlaub machen, dass Sie insgesamt auf Ihre sechs Urlaubswochen kommen, dass in diesen sechs Wochen ein echtes Abschalten erfolgt und dass Sie damit eine tiefe und nachhaltige Erholung sichern.

Da die Schulferien bekanntlich länger sind als Ihre persönliche Urlaubszeit, stellt sich nun die Frage nach der Gewichtung und Planung jener Schulferienzeiten, in denen Sie nicht in Urlaub sind und in denen Sie nach unserer bisherigen Kalkulation ebenfalls Ihre persönliche Wochenarbeitszeit realisieren müssen. Sinnvoll ist dies allerdings nur, wenn Ihre konkrete persönliche Arbeitssituation es Ihnen ermöglicht, bestimmte Arbeiten in dieser Zeit zu erledigen. Korrekturen gehören natürlich in aller Regel nicht dazu, wohl aber die Vorbereitung von Unterrichtsreihen, die Erstellung von Konzeptpapieren, die eigenständige fachliche Fortbildung, die Beschaffung und Auswertung neuer Unterrichtsmaterialien, die Durchführung von Nachprüfungen sowie ggf. die Entwicklung von Abiturprüfungsvorschlägen, die Vorbereitung der Schulinspektion, die Erstellung eines Schulprogramms, die Organisation von Klassenfahrten usw.

Da es von der Schulform, dem Grad des persönlichen Engagements in Gremien und Kommissionen, der Fächerkombination und anderen spezifischen Faktoren abhängt, ob Sie diese Zeiten sinnvoll nutzen können oder nicht, zeigen wir Ihnen nachfolgend fünf unterschiedliche **Modellrechnungen**, in denen bei einer unterstellten durchschnittlichen persönlichen Wochenarbeitszeit von 44 Zeitstunden jeweils von 6 Urlaubswochen und 38 Unterrichtswochen, mithin also von 8 Wochen Ferienarbeitszeit (= gesetzliche Feiertage plus jene Schulferienzeiten, in denen Sie nicht Ihren persönlichen Jahresurlaub nehmen) jährlich ausgegangen wird, die zu füllen sind. Bitte entscheiden Sie von Halbjahr zu Halbjahr

Modellrechnung 1: Ferienarbeitszeit kann/soll zu **80** Prozent genutzt werden

- 52 Kalenderwochen – 6 Urlaubswochen = 46 Arbeitswochen
- 46 Arbeitswochen zu jeweils 44 Zeitstunden = 2 024 Jahresarbeitsstunden
- Von den errechneten 2 024 Jahresarbeitsstunden ziehen wir die acht Wochen ab, in denen (bei den in dieser ersten Modellrechnung gewählten Parametern) nur jeweils 80 Prozent der festgesetzten 44 Wochenarbeitsstunden (also jeweils 35,2 Stunden) erbracht werden sollen: 2.024 – (8 × [0,8 × 44]) = 1 742,4 Unterrichtszeitarbeitsstunden
- 1 742,4 Unterrichtszeitarbeitsstunden ÷ 38 Unterrichtswochen = 45,85 Wochenstunden
- *Fazit der ersten Modellrechnung: Sie haben*
    - *6 vollkommen arbeitsfreie Urlaubswochen plus*
    - *8 Wochen Ferienarbeitszeit mit jeweils 35,20 Wochenarbeitsstunden plus*
    - *38 Unterrichtswochen mit jeweils 45,85 Wochenarbeitsstunden.*

Modellrechnung 2: Ferienarbeitszeit kann/soll zu **65** Prozent genutzt werden

- 52 Kalenderwochen – 6 Urlaubswochen = 46 Arbeitswochen
- 46 Arbeitswochen zu jeweils 44 Zeitstunden = 2 024 Jahresarbeitsstunden
- 2 024 Jahresarbeitsstunden – (8 × [0,65 × 44]) = 1 795,2 Unterrichtszeitarbeitsstunden
- 1 795,2 Unterrichtszeitarbeitsstunden ÷ 38 Unterrichtswochen = 47,24 Wochenstunden
- *Fazit der zweiten Modellrechnung: Sie haben*
  - *6 vollkommen arbeitsfreie Urlaubswochen plus*
  - *8 Wochen Ferienarbeitszeit mit jeweils 28,6 Wochenarbeitsstunden plus*
  - *38 Unterrichtswochen mit jeweils 47,24 Wochenarbeitsstunden.*

Modellrechnung 3: Ferienarbeitszeit kann/soll zu **50** Prozent genutzt werden

- 52 Kalenderwochen – 6 Urlaubswochen = 46 Arbeitswochen
- 46 Arbeitswochen zu jeweils 44 Zeitstunden = 2 024 Jahresarbeitsstunden
- 2 024 Jahresarbeitsstunden – (8 × [0,5 × 44]) = 1 848 Unterrichtszeitarbeitsstunden
- 1 848 Unterrichtszeitarbeitsstunden ÷ 38 Unterrichtswochen = 48,63 Wochenstunden
- *Fazit der dritten Modellrechnung: Sie haben*
  - *6 vollkommen arbeitsfreie Urlaubswochen plus*
  - *8 Wochen Ferienarbeitszeit mit jeweils 22 Wochenarbeitsstunden plus*
  - *38 Unterrichtswochen mit jeweils 48,63 Wochenarbeitsstunden.*

Modellrechnung 4: Ferienarbeitszeit kann/soll zu **35** Prozent genutzt werden

- 52 Kalenderwochen – 6 Urlaubswochen = 46 Arbeitswochen
- 46 Arbeitswochen zu jeweils 44 Zeitstunden = 2 024 Jahresarbeitsstunden
- 2 024 Jahresarbeitsstunden – (8 × [0,35 × 44]) = 1 900,8 Unterrichtszeitarbeitsstunden
- 1 900,8 Unterrichtszeitarbeitsstunden ÷ 38 Unterrichtswochen = 50,02 Wochenstunden
- *Fazit der vierten Modellrechnung: Sie haben*
  - *6 vollkommen arbeitsfreie Urlaubswochen plus*
  - *8 Wochen Ferienarbeitszeit mit jeweils 15,4 Wochenarbeitsstunden plus*
  - *38 Unterrichtswochen mit jeweils 50,02 Wochenarbeitsstunden.*

Modellrechnung 5: Ferienarbeitszeit kann/soll zu **20** Prozent genutzt werden

- 52 Kalenderwochen – 6 Urlaubswochen = 46 Arbeitswochen
- 46 Arbeitswochen zu jeweils 44 Zeitstunden = 2 024 Jahresarbeitsstunden
- 2 024 Jahresarbeitsstunden – (8 × [0,2 × 44]) = 1953,6 Unterrichtszeitarbeitsstunden
- 1 953,6 Unterrichtszeitarbeitsstunden ÷ 38 Unterrichtswochen = 51,41 Wochenstunden
- *Fazit der fünften Modellrechnung: Sie haben*
  - *6 vollkommen arbeitsfreie Urlaubswochen plus*
  - *8 Wochen Ferienarbeitszeit mit jeweils 8,8 Wochenarbeitsstunden plus*
  - *38 Unterrichtswochen mit jeweils 51,41 Wochenarbeitsstunden.*

neu, welchem dieser fünf Modelle Sie im kommenden Halbjahr folgen können und wollen! Aufgrund von Veränderungen der Rahmenbedingungen (Wahl in ein Gremium, Beteiligung an Abiturprüfungen, Absolvierung einer Weiterbildungsmaßnahme usw.) kann dabei Ihre Wahlfreiheit in bestimmten Halbjahren natürlich größer und in anderen geringer sein.

Interessant ist es aber so oder so, dass die durchschnittliche faktische Wochenarbeitszeit innerhalb der Unterrichtswochen (bei einer unterstellten persönlichen Wochenarbeitszeit von 44 Zeitstunden) in Abhängigkeit von der Nutzung/Nutzbarkeit der unterrichtsfreien Arbeitszeit innerhalb der Schulferien um immerhin 5,56 Zeitstunden variiert (von 45,85 Stunden in Modell 1 bis zu 51,41 Stunden in Modell 5). Ihre zeitliche Gesamtbelastung innerhalb der Unterrichtswochen hängt also tatsächlich ganz wesentlich davon ab, wie Sie die unterrichtsfreie Arbeitszeit innerhalb der Schulferien nutzen können und wollen.

Bitte beachten Sie, dass es sich bei den fünf oben gelieferten Modellrechnungen nur um Beispielkalkulationen handeln kann, die Sie – schon wegen der in den verschiedenen Bundesländern unterschiedlichen Anzahl von Feiertagen – nicht 1:1 übernehmen können! Zögern Sie nicht, den hier – auf der Basis unserer Erfahrungen in vielen hundert Lehrerfortbildungsveranstaltungen – veranschlagten Wert von 44 Stunden für die durchschnittliche Wochenarbeitszeit von Halbjahr zu Halbjahr Ihren persönlichen Lebens- und Arbeitsumständen anzupassen und ihn ggf. eine Zeit lang auf das arbeitsvertragliche Minimum herabzusetzen (s.o. ‚1. Schritt')!

▶ 3. Schritt: Einberechnung von Feiertagen

Liegt ein *Feiertag in einer Unterrichtswoche*, berechnen Sie als faktische Arbeitszeit für diese Woche vier Fünftel der nach einem der obigen Modelle für die Unterrichtswochen ermittelten Wochenarbeitszeit.

Beispiel: Sie folgen in dem Halbjahr, in dem der Feiertag liegt, unserem Modell 4. Dann ergibt sich als faktische Arbeitszeit für die Unterrichtswoche, in der dieser Feiertag liegt, vier Fünftel von 50,02 Zeitstunden, also 40,016 Zeitstunden.

Liegt ein *Feiertag in der Ferienarbeitszeit*, in die wir ja die gesetzlichen Feiertage bereits eingerechnet hatten, bleibt die faktische Arbeitszeit für diese Woche die nach einem der obigen Modelle für die Unterrichtswochen ermittelte Wochenarbeitszeit.

Beispiel: Sie folgen in dem Halbjahr, in dem der Feiertag liegt, unserem Modell 2.
Dann ergibt sich als faktische Arbeitszeit für die Ferienarbeitszeitwoche, in der dieser
Feiertag liegt, ein Wert von 28,6 Zeitstunden.

Wie Sie die errechnete faktische Wochenarbeitszeit (also die besagten 40,016 bzw. 28,6 Arbeitsstunden) auf die Tage der jeweiligen Woche verteilen, bleibt natürlich Ihnen überlassen. Erfahrungsgemäß ziehen es manche Kollegen vor, an solchen Feiertagen doch noch die eine oder andere Stunde im Arbeitszimmer zu verbringen. Das muss nicht sein, aber es ist auch nicht grundsätzlich abzulehnen, solange sichergestellt bleibt, dass Sie – wie schon oben ausgeführt – mindestens einmal in jedem Jahr mindestens drei Wochen am Stück Urlaub machen und dass Sie insgesamt auf Ihre sechs vollkommen arbeitsfreien Urlaubswochen pro Kalenderjahr kommen.

▶ 4. Schritt: Einberechnung von Stoßzeiten

Innerhalb der Unterrichtswochen kommt es erfahrungsgemäß zu einer recht ungleichen Verteilung der Arbeitsbelastungen. Gerade die Korrekturarbeiten häufen sich typischerweise in bestimmten Wochen und Monaten stark an. Es ist offenkundig, dass Sie dann mit der schematischen Einhaltung der im zweiten Schritt ermittelten faktischen Wochenarbeitszeit nicht zurande kommen können.

Die simple Lösung dieses Problems resultiert aus der Variation der Zeitskala, für die Sie Ihre Berechnung durchführen. Wenn Sie also absehen können, dass eine ungewöhnlich arbeitsreiche Stoßzeit vor Ihnen liegt, sollten Sie von der Wochen- auf die Monats-, Quartals- oder sogar Halbjahresplanung übergehen.

Beispiel: Sie folgen in dem in Rede stehenden Halbjahr unserem dritten Modell. Sie können absehen, dass im nächsten Quartal extreme Arbeitsbelastungen auf Sie zukommen werden (Abiturprüfungen, Häufung von

Klausurterminen, Lernstandserhebungen o. Ä.). Dann addieren Sie bitte die nach unserem Modell ermittelte Wochenarbeitszeit für die folgenden 12 Wochen und verteilen den Gesamtbetrag sinnvoll auf diese Gesamtzeit.
In unserem Fall stehen Ihnen 12 × 48,63, also insgesamt 583,56 Wochenarbeitsstunden zur Verfügung. (Feiertage wären ggf. von dieser Summe abzuziehen; vgl. oben Schritt 3.) Wenn nun etwa in der zweiten, achten, neunten und zehnten Woche dieses Quartals extreme Belastungen auf Sie zukommen, reservieren Sie für diese Wochen jeweils entsprechende Werte und teilen die dann noch verbleibenden Stunden auf die acht ruhigeren Wochen auf. Beispielsweise könnten Sie für die vier Stresswochen jeweils 60 Arbeitsstunden einkalkulieren.
Dann bleiben Ihnen für die ruhigeren acht Wochen dieses Quartals jeweils (583,56 – [4 × 60]) ÷ 8 = 42,945 Wochenarbeitsstunden übrig. Ihr Sondereinsatz in den vier Wochen der Stoßzeit wird also immerhin acht Unterrichtswochen lang durch eine fast sechsstündige Arbeitszeitreduktion (42,945 statt 48,63 Stunden) belohnt.

Auf welcher Zeitskala Sie kalkulieren sollten, können Sie nur selbst im Vorausblick auf Ihre konkreten persönlichen Arbeitslasten feststellen. In der Mehrzahl der Fälle dürfte es aber genügen, ein oder zwei Mal pro Halbjahr von der Wochen- auf die Monatsskala zu wechseln. Wichtig ist nur, dass Sie dies auch ggf. tatsächlich tun und dass Sie nicht zögern, die Ihnen zustehende Reduktion in den ruhigeren Wochen auch tatsächlich zu realisieren.

5. Schritt: Berechnung der Korrekturzeit

Nun können wir zur eigentlichen Ermittlung der Korrekturzeiten voranschreiten.
Sie errechnen sich im Wesentlichen aus der Differenz zwischen der in den Schritten 1 bis 4 ermittelten faktischen Wochenarbeitszeit in den Unterrichtswochen, der Obligationsarbeitszeit (Unterricht, Pausen, Konferenzen usw.) und der Vorbereitungszeit (die aber, wie wir gesehen haben, teilweise in die Ferienarbeitszeit verlagert werden kann). Natürlich hängt es auch hier wieder von Ihrer spezifischen Arbeitssituation ab, wie groß oder klein diese Differenz ausfällt. Gleichwohl soll hier an einem Beispiel vorgeführt werden, wie eine solche Berechnung aussehen könnte.
Beispiel: Nehmen wir an, dass Sie in einem gegebenen Halbjahr unserem dritten Modell folgen und 32 Stunden für die Obligationsarbeitszeit einplanen. (Der Lehrergesundheitsbericht veranschlagt ca. 30 bis 34 Wochenstunden für die Obligationsarbeitszeit innerhalb der Unterrichtswochen.)
Dann bleiben Ihnen 48,63 – 32 = 12,63 Zeitstunden für die Erledigung der Dispositionsarbeitszeit, die ja im Wesentlichen die Unterrichtsvorbereitung und die Korrektur beinhaltet. Da Sie in Modell 3 die Ferienarbeitszeit zu 50 Prozent nutzen, können wir die Unterrichtsvorbereitung bei realistischer Einschätzung mit einem Drittel und die Korrektur mit zwei Dritteln gewichten. Grob gerechnet bleiben Ihnen also wöchentlich vier Zeitstunden für die (häusliche) Unterrichtsvorbereitung und acht Zeitstunden für die Korrektur. Wenn wir unterstellen, dass Sie pro Monat *durchschnittlich* zwei Klassenarbeiten zu korrigieren haben und dass 25 Schüler in Ihrer Klasse sitzen, ergibt sich für die Korrektur jeder einzelnen Klausur ein Zeitbudget von (8 × 2) × 60 ÷ 25 = 38,4 Minuten. Daraus ist unmittelbar abzuleiten, dass Sie in der Regel schon bei Auftreten alltäglicher Zusatzbelastungen (z. B. zwei Klausuren in einer Woche) eine Stoßzeitenberechnung durchführen müssen (s. o.).

6. Schritt: Dreiertrick

Es wäre nun wirklichkeitsfern, aus den bisherigen Berechnungen die Faustformel abzuleiten, dass jede einzelne Klausur oder Hausarbeit in 38,4 Minuten korrigiert werden muss. Denn wie wir ja weiter oben festgestellt haben, gibt es nicht selten Problemfälle, in denen wir lange grübeln und recherchieren können, bis wir auch nur eine einzige Fehlerstelle, geschweige denn eine komplette Arbeit analysiert und kommentiert haben. Gleichwohl muss auf diesem Durchschnittswert *als Durchschnittswert* insistiert werden, und relativ leicht kann die Korrekturarbeit auch so organisiert werden, dass dieser Wert nicht überschritten werden muss.

Der Trick besteht darin, schon beim Einsammeln der Klausuren oder Hausarbeiten eine Einteilung in drei Stapel vorzunehmen, und zwar in den 20-Minuten-Stapel (voraussichtlich gute bis sehr gute Arbeiten), in den 40-Minuten-Stapel (voraussichtlich mittelmäßige Arbeiten) und in den 60-Minuten-Stapel (voraussichtlich schwache bis sehr schwache Arbeiten). Dabei müssen nicht alle drei Stapel gleich groß sein! Es genügt, wenn der 20- und der 60-Minuten-Stapel (ungefähr) die gleiche Größe haben.

Bei der konkreten Korrekturarbeit veranschlagen Sie dann insgesamt 120 Minuten für die Korrektur von drei Arbeiten, wobei Sie zunächst jeweils eine schwache (60 Minuten), eine mittelmäßige (40 Minuten) und eine gute

(20 Minuten) Arbeit zu einer Einheit zusammenfassen. Der Vorteil dieser Methode besteht darin, dass Sie dann Abweichungen von der idealen Bearbeitungsdauer innerhalb des Dreierpäckchens ausgleichen können. Wenn Sie also z. B. für die Korrektur der schwachen Klausur, mit der Sie wegen des Reihenfolgeeffektes (s. Kap. 6) immer beginnen sollten, ausnahmsweise 70 Minuten opfern mussten, können Sie das bei der Bearbeitung der zu diesem Dreierpack gehörenden mittleren und guten Klausur wieder hereinholen.

Bitte erinnern Sie sich in diesem Zusammenhang noch einmal an die oben beschriebene Empfehlung, in den allerhärtesten Fällen eine Kombination von schriftlicher und mündlicher Korrektur durchzuführen! Es kann und darf also nicht der Fall eintreten, dass Sie dann doch wieder 90 Minuten damit verbringen, ausführlichste Rand- und Schlusskommentare zu einer Arbeit zu verfassen, obwohl Sie aus eigener Erfahrung genau wissen, dass diese Kommentare nicht die gewünschte Wirkung erzielen.

Da man in der Regel mehr durchschnittliche als über- oder unterdurchschnittliche Arbeiten abgeliefert bekommt, sind die Stapel mit den 20- und 60-Minuten-Arbeiten meistens relativ schnell abgearbeitet, und es bleiben noch mehrere 40-Minuten-Arbeiten übrig, die dann zu Dreiergruppen zusammengefasst werden.

Die zügige und zuverlässige Zuordnung von Arbeiten zu einem der drei Stapel kann übrigens recht schnell erlernt werden. Natürlich irrt man sich hier und da mal, doch solche Irrtümer können bei der eigentlichen Korrektur schnell durch Umsortierung verbessert werden, bleiben also ohne nennenswerte Folgen. Und schon nach wenigen Monaten hat man erfahrungsgemäß keine Probleme damit, den allergrößten Teil der Arbeiten schon beim Einsammeln (oder kurz danach) entsprechend vorzusortieren.

7. Schritt: Einübung und Sprung über den eigenen Schatten

Für das Erlernen und Einüben der Kontingentierungsmethode sollten Sie sich mehrere Monate Zeit lassen! Zu Beginn muss man tatsächlich mit Taschenrechner, Kalender und Eieruhr operieren, um die ideale persönliche Justierung der verschiedenen Parameter zu erzielen. Und auch die Rahmenbedingungen (Anrufbeantworter, geschlossene Arbeitszimmertür usw.) müssen u. U. angepasst werden, damit die eingesparte Zeit nicht sofort wieder durch Unterbrechungen, nach denen man erfahrungsgemäß nicht sofort wieder in die Korrektur hineinfindet, aufgefressen wird. Erst nach und nach wird Ihnen diese ganze Prozedur in Fleisch und Blut übergehen, sodass Sie auf Hilfsmittel wie Taschenrechner und Eieruhr weitestgehend verzichten können.

Meistens liegt aber in der technischen Umsetzung des Kontingentierungsverfahrens auch gar nicht das Problem. Was viele Kollegen davon abhält, sich in dieser Weise auf einen Schlag zu souveränen Herrrschern ihres Kalenders zu machen, sind erfahrungsgemäß eher die aus einer Mischung aus Perfektionismus und Berufsethos resultierenden Skrupel. Denn ja: Eine 20-Minuten-Korrektur kann nicht dem entsprechen, was wir uns vom pädagogischen Standpunkt aus unter einer perfekten Korrektur vorstellen. Doch nur bei kurzfristiger Betrachtung liegt hierin eine Preisgabe von Qualitätsansprüchen. Bei langfristiger Kalkulation muss hingegen einfach von einer weiseren Verteilung Ihrer Ressourcen über die Gesamtdauer Ihres Berufslebens gesprochen werden. Denn Sie haben ja keine realistische Chance, vom Referendariat bis zum Eintritt ins Rentenalter kontinuierlich Vollgas zu geben! Wie der Lehrergesundheitsbericht zeigt, sieht die perfektionistische Alternative vielmehr so aus, dass Sie 10 oder 12 Jahre lang alles geben, dann einen Zusammenbruch erleiden (zurzeit ganz oben im Katalog der Grausamkeiten: Depressionen, Herzrhythmusstörungen, Magenprobleme, Schulter-Nacken-Syndrom, Vereinsamung, Scheidung ...) und nach einer erzwungenen Auszeit nur noch mit halber Kraft weiterarbeiten.

Abgesehen davon, dass dies keiner vernünftig-humanen Lebensführung entspricht (und dass dabei übrigens auch die Fürsorgepflicht Ihres Arbeitgebers verletzt wird), kommt an dieser Stelle noch ein gewichtiges ethisches Argument ins Spiel. Wenn Sie nämlich Ihre Arbeitsenergie dermaßen asymmetrisch auf eine erste Phase vor dem Zusammenbruch und eine zweite Phase nach dem Zusammenbruch verteilen, werden die Schülergenerationen, die in der ersten Phase an Ihnen vorbeiziehen, eine

Überversorgung, die Generationen der zweiten Phase hingegen eine Unterversorgung erhalten. Dies ist offenkundig ungerecht.

Versuchen Sie also unbedingt, über die ganze Distanz zu gehen und weise Ihre Ressourcen einzuteilen! Ein adäquates Berufsethos muss auf einer wirklichkeitsnahen und die gesamte Spanne Ihres Arbeitslebens berücksichtigenden Einschätzung der tatsächlichen Berufspraxis beruhen.

INFO FÜR SCHULLEITUNGEN

Auch die viel diskutierten neuen Arbeitszeitmodelle können bei kluger Nutzung der damit gegebenen Möglichkeiten helfen, die Sonderbelastung in den Korrekturfächern auszugleichen. Die Einführung eines solchen Modells sollte von der Lehrerakademie im Querenburg-Institut oder einer vergleichbaren externen Institution moderiert werden.

3. VEREINHEITLICHUNG VON OPERATOREN UND KORREKTURZEICHEN *(Melanie Fröhlich)*

Vereinheitlichungen können eine echte Arbeitserleichterung sein. Vorausgesetzt, es gibt gemeinsame Standards, die von Lehrern angewendet und von Schülern verstanden werden. Dieses Kapitel hilft Ihnen, schnell und einfach Operatoren und Korrekturzeichen zu vereinheitlichen.

3.1 OPERATOREN

Als ‚Operatoren' bezeichnet man jene Verben, deren Imperative in Aufgabenstellungen zur Formulierung der eigentlichen Arbeitsanweisung benutzt werden (z. B. ‚Beschreiben Sie ...', ‚Analysieren Sie ...'). In Prüfungen sollen sie Anforderungen transparent und unabhängig vom Prüfer machen. Relevanz kommt ihnen daher besonders bei Abiturprüfungen zu. Für alle Fächer liegt ein umfassender Operatorenkatalog samt Beschreibung vor. Die Schwierigkeit für Lehrer, und verschärft für Schüler, besteht nun darin, einen Überblick über Operatoren zu gewinnen und sie jeweils fachgerecht umzusetzen. Es empfiehlt sich, gemeinsam mit den Schülern die wichtigsten Operatoren für Ihr Fach zu bestimmen und auch in der Fachkonferenz einen Konsens zu erarbeiten. Aus Ihrer Erfahrung wissen Sie, welche der Operatoren am häufigsten zu Missverständnissen führen. Auf einige Probleme bei der Verwendung der Operatoren sei an dieser Stelle hingewiesen:

- Im umgangssprachlichen Gebrauch besteht kaum ein Unterschied zwischen **erklären** und **erläutern**. Als Operator können aber gewaltige Unterschiede mit erheblichen Auswirkungen auf die Note bestehen. ‚Erläutern' verlangt ein Arbeiten mit Beispielen und Belegen, was für ein ‚Erklären' auf Basis eigener Kenntnisse nicht erwartet wird.
- Synonym zum Operator **Erörtern** wird in den Naturwissenschaften auch **Diskutieren** verwendet. Ein Erörtern umfasst Pro- und Contra-Argumente und mündet in einer begründeten eigenen Meinung bzw. in einer Schlussfolgerung.
- **Analysieren** und **Interpretieren** werden weitestgehend synonym verwendet. Den Schülern sollte verständlich gemacht werden, dass vor der Analyse und Interpretation eine Wiedergabe des Sachverhalts steht.
- Besonders problematisch sind Operatoren, deren Bedeutung von Fach zu Fach variiert. So wird in der Mathematik beispielsweise zwischen **Prüfen und Überprüfen** unterschieden, wobei prüfen gleichbedeutend mit untersuchen, überprüfen hingegen mit bestätigen oder widerlegen in Verbindung gesetzt wird. Für Physik wird diese Unterscheidung wiederum nicht getroffen, sodass die Bedeutung des Überprüfens dominiert. Für das Fach Deutsch hingegen sind **Prüfen/Überprüfen** zu einem Operator zusammengefasst und vom Operator **Untersuchen** abgegrenzt. Prüfen wird dabei auf die eigenen Kenntnisse bezogen. Das stellt wiederum einen Unterschied beispielsweise zum Fach Geschichte dar, wo der Operator **Prüfen** ausdrücklich auf historische Sachverhalte verweist.
- Eine Anordnung der Operatoren gemäß der **Anforderungsbereiche I-III** (Reproduktion, Reorganisation und Transfer, Reflexion und Problemlösung) ist sinnvoll und kann den Schülern wichtige Anhaltspunkte bezüglich des Umfangs der Ausführungen geben.

Eine nach Fächern geordnete Operatorenliste stellt das Schulministerium Niedersachsen unter nachstehendem Link zur Verfügung: http://www.nibis.de/nli1/gohrgs/operatoren/operatoren_uebersicht.htm (Stand: 1.3.2010). Das Schulministerium Nordrhein-Westfalens bietet eine Fächerübersicht an (http://www.standardsicherung.schulministerium.nrw.de/abitur-gost/faecher.php, Stand 1.3.2010), die zu den jeweiligen Operatorenlisten weiterführt.

3.2 KORREKTURZEICHEN

Weitaus vertrauter ist die Arbeit mit Korrekturzeichen, doch umso stärker unterscheidet sich auch von Lehrer zu Lehrer deren Gebrauch. Das ist vor allem für Schüler irritierend und erschwert die Verständlichkeit. Im Extremfall steht z. B. ***W*** für Wiederholung bei dem einen und für Wortwahl bei dem anderen. Schon diese erste Hürde kann die Schüler von einer Auseinandersetzung mit ihren Fehlern abhalten. Hier kann sehr schnell

Abhilfe geschaffen werden, indem schulintern eine Einigung auf gängige Korrekturzeichen vorgenommen wird. Nutzen Sie hierfür die vorbereitete Kopiervorlage (s. **KV 1**, Materialsammlung S. 68 / 69 und auf der CD).

In der Regel genügt es, sich auf wenige Korrekturzeichen, wie *R (Rechtschreibung)*, *Z (Zeichen)*, *A (Ausdruck)*, *Wh (Wiederholung)*, zu beschränken und weitere unter der Kategorie Grammatik zu subsumieren (s. hierzu **KV 1**). Empfehlenswert ist, auch grammatische Kategorien durch Klammerschreibweise zu präzisieren, wie beispielsweise *Gr (Präp.)* für einen Präpositionsfehler.

Um Schülern formal-sprachliche Fehler begreiflicher zu machen, sollte eine Liste mit den standardisierten Korrekturzeichen um Beispiele ergänzt werden. Am sinnvollsten nutzen Sie hierzu die typischen Fehler Ihrer Schüler. Einen allgemeineren Vorschlag finden Sie aber auch in der Materialsammlung (vgl. **KV 2**, Materialsammlung S. 70 und auf der CD).

Ebenso kann es sinnvoll sein, Schüler selbst Texte mit Hilfe der Korrekturzeichen korrigieren zu lassen. Für jüngere Schüler kann dabei Fehlerart und Häufung bereits vorgegeben sein (zur Selbstkorrektur von Schülern vgl. Kap. 7).

□ INHALTLICHE KORREKTURZEICHEN

Wie oben bereits erwähnt, ersparen Korrekturzeichen viel Schreibarbeit. Grund genug also, dieses Potenzial auch für inhaltliche Korrekturen auszunutzen. Durch ihre Anwendung können Randkommentare wesentlich effizienter gestaltet (vgl. dazu Kap. 5) und auch die Notenfindung erleichtert werden. Die inhaltlichen Korrekturzeichen kann man hierbei in ein Zweipolraster übertragen (vgl. dazu Kap. 6) und den Schülern als Legende vorlegen. Sie können sie aber auch der jeweiligen Aufgabenstellung und Anforderung anpassen. Als Anregung soll Ihnen folgende Liste dienen (vgl. **Abb. 2**).

Inhaltliche Korrekturzeichen	Beschreibung
Aufg	Aufgabenstellung verfehlt
Sach	sachlicher Fehler, z. B. bei historischen Daten
Log	logischer Fehler, z. B. falsche Schlussfolgerungen
Bez	falscher Bezug
Bgr	fehlende Begründung
Bl	fehlender Beleg
Whn	inhaltliche Wiederholung
FS	Fachsprache nicht (korrekt) verwendet
...	

Abb. 2 Inhaltliche Korrekturzeichen

□ FEHLERWERTUNG: HALBER, GANZER, DOPPELTER FEHLER, FLÜCHTIGKEITS- UND WIEDERHOLUNGSFEHLER

Einheitlich sollten selbstverständlich nicht nur die Korrekturzeichen, sondern auch die Fehlerwertung sein. Wann aber liegt ein halber, ganzer oder gar doppelter Fehler vor?

Grundsätzlich sollten **grammatische und orthografische Fehler** zu einem ganzen Fehler führen. Das heißt, unabhängig davon, wie falsch ein Wort geschrieben ist und gegen wie viele Regeln verstoßen wurde, wird **maximal ein Fehler pro Wort** gezählt. Es macht also keinen Unterschied, ob ein Schüler *Krühpeln* oder *krübeln* statt *grübeln* geschrieben hat. Falsch ist falsch. Obgleich im ersten Fall vier Verstöße (Großschreibung/k-g/h/p-b) vorliegen, werden nicht vier Fehler gezählt. **Halbe Fehler** werden in der Regel für Zeichensetzungsfehler gegeben und bieten sich auch für Flüchtigkeitsfehler an, d. h. Fehler, für die wir dem Schüler Falschschreibung trotz besseren Wissens unterstellen können. Als Beleg für einen Flüchtigkeitsfehler können richtige Schreibungen aus demselben Text herangezogen werden. Ein Indiz ist auch, wenn nur am Ende einer Klausur unter Zeitdruck die Rechtschreibung vernachlässigt wird.

Wann liegt jedoch ein **doppelter Fehler** vor? Pro Wort sollte ja maximal ein Fehler gewertet werden. Sind also besonders schwere Verstöße doppelt zu bestrafen? Stellen wir uns vor, ein Schüler schreibt:

„*Tim und Wier sind zum See gefahren.*"

Einen Doppelverstoß (Kleinschreibung von Personalpronomen, Vokallänge) können wir nicht doppelt bewerten. Lehrer Strenge kommt aber zu folgender Begründung:

„Wir *ist eine wichtige und gängige Schreibweise, außerdem ist es überhaupt nicht schwer, dieses kleine Wort richtig zu schreiben. Hierfür gebe ich einen doppelten Fehler.*"

Was nun aber schwer oder leicht ist, hängt von den individuellen und soziokulturellen Lernvoraussetzungen eines jeden Schülers ab. Anders gesagt: **Schwierigkeit** ist Ermessenssache und in keinem Fall eine pädagogische Kategorie.

Anders verhält es sich mit der Kategorie der **Bedeutsamkeit.** Bedeutsamkeit ist retrospektiv und prospektiv zu verstehen. Das heißt, wenn die Personalpronomina den Schwerpunkt der letzten Lerneinheit darstellten, ist deren Fehlschreibung rückblickend kaum nachvollziehbar. Prospektiv können Fehler von besonderer Bedeutsamkeit sein, die für das Weiterlernen entscheidend sind. Wenn beispielsweise ein Grundschüler nicht lernt, dass für den Laut eines silbisch-vokalisierten Rs [ɐ] -er geschrieben wird, zieht das eine Vielzahl an Fehlern nach sich. Eine pädagogische Entscheidung im Sinne von Bedeutsamkeit kann es also auch sein, selbst für einen vergessenen I-Punkt bei der Kleinschreibung einen ganzen Fehler zu geben. Zum einen, um deutlich zu machen, dass allein durch den I-Punkt klar zwischen Groß- und Kleinschreibung unterschieden werden kann. Zum anderen, um auf Bedeutungsänderungen bei fehlenden Umlautstrichen hinzuweisen (z. B. Singular versus Plural: Apfel – Äpfel). Insbesondere für Grundschüler wird hieran deutlich: Jeder Punkt, jedes noch so kleine Zeichen hat Bedeutung.

Einen **Konsens im Kollegium** erzielen Sie jedoch am problemlosesten, wenn Sie sich auf halbe und ganze Fehler beschränken und die Fälle für halbe und ganze Fehler definieren. Festgelegt werden sollte auch, dass wiederholt falsche Schreibweisen nur einmal als Fehler gezählt werden. Anders verhält es sich für Zeichensetzungen, wie beispielsweise Kommaregeln. Zwar kann häufiger gegen dieselbe Kommaregel (z. B. die Kommaregel für den erweiterten Infinitivsatz) verstoßen werden, da jeder Satz jedoch seine eigene Logik aufweist, sollte jeweils ein halber Fehler notiert werden. Selbstverständlich greift auch für die Fehlerwertung die Grundsatzregel: Geprüft werden kann nur, was auch gelernt werden konnte. Das heißt, ein Schüler, der nach dem Lehrplan noch nicht wissen kann, dass etwas falsch ist, kann dafür auch keinen Fehler angelastet bekommen.

Dass Vereinheitlichungen Schülern Transparenz verschaffen, liegt auf der Hand. Wenn Sie jetzt aber sagen „*Wozu der ganze Vereinheitlichungsaufwand. So weit können Lehrerurteile doch gar nicht auseinandergehen!*", dann sehen Sie sich noch folgendes Fallbeispiel an (vgl. **Abb. 3**) und staunen Sie selbst, wie stark sich die Fehlerwertung bereits in einem Kurztext unterscheiden kann. I steht in diesem Beispiel für einen ganzen Fehler, – für einen halben Fehler und ○ für einen nicht gewerteten Fehler.

Grundschüler	Lehrerin Strenge	Lehrer Milde
Zuerst schäle ich alle gemüsen aus dann lege ich die auf ein Teler.	II Gemüse (Großschreibung von Hauptwörtern; Mehrzahlbildung) I schälen; n. ausschälen – Punkt. Dann = neuer Satz I die } es I ein<u>en</u> Teller I Teller	I Gemüse I Teller ○ Komma vor dann ○ die } es ○ ein<u>en</u> Teller
Dann nehme ich die Gemüsen aus den Teler und wasche die Gemüsen mit ein Bürste.	II das Gemüse III von dem Teller I das Gemüse I mit einer	○ Wdh. das Gemüse ○ von dem ○ Teller ○ das Gemüse ○ mit einer Bürste
Nun schneide ich alle Gemuse in kleine stücke auf ein Brett mit ein schafen Messer weil schafe Messern gut schneiden.	I alle = das gesamte II Gemüse; Stücke II einem Brett; mit einem I– scharfen; (,) weil II scharfe; Messer	○ alle = das gesamte ○ I Stücke ○ auf einem Brett, mit einem I scharfen ○ , weil ○ Wdh. scharfe
		Kommentar: Vieles was hier rot ist, musst du noch nicht richtig schreiben. Aber mach dir keine Sorgen, das üben wir noch gemeinsam.
Gesamtfehler	22 Fehler	4 Fehler

Abb. 3 Fallbeispiel: Lehrerin *Strenge* und Lehrer *Milde* korrigieren einen Text

4. ERWARTUNGSHORIZONTE SINNVOLL GESTALTEN UND VERWENDEN – DIE FÜNF GESTALTUNGSPRINZIPIEN

(Cathrin Rattay/Jost Schneider)

Nach der Zeitbudgetierung stellt die Verwendung von Erwartungshorizonten die zweitwichtigste Möglichkeit zur Verringerung des Korrekturaufwandes dar. Allerdings gilt das nur, wenn bei der Gestaltung und Verwendung dieser Erwartungshorizonte einige grundlegende Prinzipien berücksichtigt werden! Ist dies nicht der Fall, kann es umgekehrt sogar zu einer Zunahme der Arbeitsbelastung kommen. Bitte beachten Sie also unbedingt die im Folgenden genannten fünf Prinzipien und studieren Sie die beigefügten **Formularbeispiele** (vgl. **KV 3–29**, Materialsammlung S. 71–98 und auf der CD), die auf der mit diesem Buch gelieferten CD – im praktischen, leicht variierbaren doc-Format – auch in elektronischer Form zu finden sind.

1. PRINZIP: **DIE ERWARTUNGSHORIZONTE KÖNNEN UND SOLLEN RANDBEMERKUNGEN UND SCHLUSSKOMMENTARE WEITGEHEND ERSETZEN!**

Ein Erwartungshorizont ist nichts anderes als ein Formular, in dem die Ihrer Korrektur zugrunde liegenden Bewertungskriterien kurz und prägnant aufgelistet werden. In einigen daneben stehenden Spalten können Sie Punkte oder Noten notieren und dem Schüler auf diese Weise mitteilen, in welchen Bereichen er wie abgeschnitten hat (s. **KV 23**, Materialsammlung S. 92 und auf der beigefügten CD).

Einen Rationalisierungseffekt erzielen Sie dabei nur, wenn Sie Ihre Kriterien so formulieren, dass ein großer Teil der Randbemerkungen und Schlusskommentare inhaltlich damit abgedeckt ist. Man könnte bei manchen Fächern in Frage stellen, ob dies überhaupt möglich ist. Doch die Erfahrung lehrt, dass sich die Inhalte derartiger Bemerkungen und Kommentare nicht selten wiederholen. Das bedeutet, dass es durchaus möglich ist, eine Typologie von Annotationen zu entwickeln und daraus griffige Formulierungen für einen Erwartungshorizont abzuleiten. Die beigefügten Beispiele liefern Ihnen viele Dutzend Formulierungsvorschläge für unterschiedliche Fächer.

Wenn Sie die Kriterien in Ihrem Erwartungshorizont durchnummerieren, genügt es, bei der konkreten Korrektur einer Textpassage nur die jeweilige Nummer des Kriteriums an den Rand zu schreiben und ggf. ein Plus- oder Minuszeichen daneben zu malen, um zu signalisieren, dass diesem Kriterium an dieser Stelle entsprochen bzw. nicht entsprochen wurde.

2. PRINZIP: **BEWERTEN SIE IMMER INHALT UND FORM!**

Bei jeder Prüfungsleistung müssen und sollen sowohl inhaltliche als auch formale Aspekte eine Rolle bei der Bewertung und bei der Benotung spielen. Mal mag das *Was* und mal das *Wie* im Vordergrund stehen. Doch beide Aspekte sollten auf jeden Fall immer – in allen Fächern – Berücksichtigung finden!

Unsere Formularmuster enthalten deshalb zwei entsprechend markierte Kriterienlisten, wobei es natürlich vom Fach und von der konkreten Aufgabenstellung abhängt, ob im Inhalts- oder im Formteil mehr Kriterien genannt werden. In den Dateien auf der beigefügten CD können Sie schnell und leicht entsprechende Änderungen vornehmen.

3. PRINZIP: **NUTZEN SIE TEILSTANDARDISIERTE HORIZONTE!**

Es gibt in jedem Fach Bewertungskriterien, die bei jeder Prüfung gelten, und andere, die nur bei einer ganz speziellen Prüfung relevant sind. Und dies gilt sowohl für die Form- als auch für die Inhaltsaspekte. Unsere Formularmuster enthalten deshalb eine Unterteilung in konstante (‚immer wichtig') und variable (‚diesmal wichtig') Kriterien.

Sie sollten versuchen, die konstant bleibenden, also bei *jeder* Prüfung eines bestimmten Typs relevanten Kriterien in Ihrer Fachgruppe abzustimmen und zu vereinheitlichen. Beispielsweise könnte man festlegen, dass bei Klausuren in Deutsch auf jeden Fall, egal um welche Aufgabenstellung es sich im Einzelnen handelt, das Kriterium ‚Erfassung der Aufgabenstellung' relevant sein soll. Dann wissen Ihre Schüler ein für alle Mal, dass sie in ihren Deutsch-Klausuren darauf zu achten haben, exakt und vollständig die Aufgabenstellung zu bearbeiten. Dies schafft Transparenz und Kontinuität und entlastet Sie von der nervtötenden Aufgabe, immer und immer wieder dieselben Randkommentare und Schlussbemerkungen auszuformulieren („Du hast das Thema verfehlt!" usw.).

> Mithilfe des beigefügten Fragebogens ‚Gestaltung und Verwendung von Erwartungshorizonten' (vgl. **KV 29**, Materialsammlung S. 98 und auf der beigefügten CD) können Sie in Ihrem Kollegium bzw. in Ihrer Fachgruppe festlegen, wie viele konstante und wie viele variable Kriterien Sie definieren und wie fein Sie hierbei nach Fachgebieten und Jahrgangsstufen differenzieren möchten.

4. PRINZIP:
KRITERIEN SOLLTEN RELATIV ABSTRAKT FORMULIERT UND IHRE KONKRETE BEDEUTUNG IN EINER LEGENDE ERLÄUTERT BZW. MIT BEISPIELEN VERANSCHAULICHT WERDEN!

Wie Sie aus den beigefügten Formularmustern ersehen können, verwenden wir – und zwar mit voller Absicht – relativ abstrakt formulierte Kriterien, wie z.B. ‚Erfassung der Aufgabenstellung', ‚Breite des gezeigten Wissens', ‚Übersichtlichkeit' usw.

Bliebe es alleine bei diesen abstrakten Formulierungen, wären vermutlich viele Schüler überfordert und wüssten nicht genau, was von ihnen verlangt wird. Es müssen deshalb ergänzende Informationen gegeben werden, und zwar in zweierlei Weise:

1. Was die (beim jeweiligen Prüfungstyp) konstant bleibenden Kriterien betrifft, so empfehlen wir Ihnen, in einem geschützten (d.h. nur für Schüler und Lehrer Ihrer Schule zugänglichen) Bereich Ihrer Schulhomepage genauere Erklärungen und Beispiele zu den einzelnen Kriterien zu veröffentlichen. Sollte ein Schüler etwa keine Vorstellung davon haben, was unter ‚Breite des gezeigten Wissens' zu verstehen ist, kann und soll ihm dies hier am Beispiel von drei oder vier Aufgabenstellungen konkret verdeutlicht werden. Und sollte es nach einer Korrektur von Seiten der Schüler Rückfragen zu einzelnen Bewertungen geben, können Sie auf diese Beispiele verweisen. (Wenn Sie vor der elektronischen Variante zurückschrecken, können Sie natürlich diese Beispiele und Erläuterungen auch in einigen speziellen Infoblättern formulieren, die Sie aushängen und/oder austeilen.)
2. Was die variablen, also nur für die jeweilige konkrete Aufgabenstellung relevanten Kriterien anbelangt, so sollten diese ebenfalls relativ abstrakt formuliert, jedoch vor der jeweiligen Prüfung im Unterricht besprochen werden. Dabei können natürlich keine fertigen Lösungen geliefert werden, doch mit etwas Übung kann man leicht jenes mittlere Abstraktionsniveau wahren, das Transparenz schafft, ohne zu viel zu verraten. Übrigens ist es nicht selten mit einer gewissen Übung möglich, die Schüler selbst zur Findung und Formulierung derartiger Kriterien anzuregen.

Was die Bewertungsskala angeht, so bieten wir Ihnen in den beigefügten Musterformularen (s. **KV 3–29**, Materialsammlung S. 71–98 und auf der beigefügten CD) drei Varianten an:

- Bewertung nach Notenstufen (empfohlen),
- Bewertung nach Punkten (Gefahr der Überdifferenzierung) und
- Bewertung mit Hilfe von Symbolen/Smileys (nicht hilfreich bei der Notenfestsetzung).

Wenn Sie einzelne Kriterien **doppelt oder dreifach gewichten** möchten, können Sie einfach im entsprechenden Tabellenfeld die Note, die Punktezahl oder das Symbol doppelt bzw. dreifach notieren. Bei der Berechnung des Notenquotienten muss dann natürlich der Divisor entsprechend erhöht werden! Wenn Sie das übersichtlicher finden, können Sie auch in einer eigenen Spalte mit der Überschrift ‚Faktor' notieren, ob die einzelnen Kriterien jeweils einfach, doppelt oder dreifach angerechnet werden sollen.

Nur in den ersten Wochen nach der Einführung teilstandardisierter Erwartungshorizonte werden Sie von Ihren Schülern immer wieder nach der genauen Definition dieser und jener (konstanten) Kriterien gefragt werden. Eventuell müssen Sie dann die Beispiele und Erklärungen auf Ihrer Homepage noch etwas ergänzen oder modifizieren. Doch wenn sich das Verfahren erst einmal eingespielt hat, werden Sie enorme Rationalisierungseffekte erzielen, weil Sie einen Großteil der Randbemerkungen und Schlusskommentare einsparen können! Bei geschickter Formulierung der Kriterien wird es nur in seltenen Fällen erforderlich sein, sehr viel neben oder unter die Arbeit zu schreiben, zumal auch der Erwartungshorizont selbst am unteren Rand ein leeres Feld für frei formulierte Kommentare enthält (s. Kap. 5). Diese sollten aber natürlich, wie in unseren Beispielen demonstriert, kurz und prägnant formuliert sein (und insbesondere auch Lob enthalten).

5. PRINZIP:
BEGRENZEN SIE DEN UMFANG DER HORIZONTE UNBEDINGT AUF EINE EINZIGE DIN-A4-SEITE!

Dieses Prinzip ist das wichtigste. Eine Seite muss genügen – und genügt auch in der Praxis! In unseren Lehrerfortbildungen zu diesem Thema haben wir von Kollegen aller Schulformen immer wieder Beispiele für von ihnen selbst verfasste Erwartungshorizonte vorgelegt bekommen. Viele davon verstießen gegen dieses wichtigste aller Prinzipien und ließen vermuten, dass sie nicht etwa zu einer Reduktion, sondern zu einer Vermehrung des Korrekturaufwandes führten, und zwar sowohl bei der Erstellung als auch bei der Anwendung des Horizontes.

Spitzenreiter in unserer Horizontsammlung ist ein dicht in 10 p beschriebenes, fünfseitiges (!) Formular zu einer Klausur über Georg Büchner. Dieses Papier zu verfassen und dann bei der Korrektur jeweils das passende Kriterium zu finden und anzukreuzen, dürfte einen extremen Zeit- und Arbeitsaufwand mit sich bringen. Bitte nehmen Sie unbedingt Abstand von solchen Maximallösungen! Transparenz darf nicht mit Detailliertheit verwechselt werden. Ganz im Gegenteil senkt eine solche unübersichtliche Fülle die Transparenz und reduziert die Motivation der Schüler auf Null, sich das ausgefüllte Formular im Detail anzusehen. Übrigens hätte man auch tatsächlich nichts davon. Denn um aus Fehlern zu lernen, bedarf es unausweichlich einer Abstraktionsleistung, die im Keim erstickt wird, wenn die Kriterien zu detailliert formuliert werden.

Übrigens reduziert es auch Ihre eigenen Bewertungs- und Benotungsspielräume, wenn Sie die Kriterien zu detailliert formulieren. Diese Spielräume zu nutzen, ist vom Schulgesetz aber vorgeschrieben! Die Benotung soll sich an pädagogischen Gesichtspunkten orientieren und beispielsweise auch die Lernentwicklung eines Kindes berücksichtigen. Ein überdetaillierter Erwartungshorizont kann also leicht zu einem Panzer werden, der Ihnen jeden Bewegungsspielraum nimmt – und der auch Ihre eigene Motivation bei der Korrekturarbeit zu reduzieren droht, denn geistlos und mechanisch ein Formular auszufüllen, ist nun wirklich keine pädagogisch wertvolle und auch keine angenehme Tätigkeit.

Hinsichtlich der geistes- und sozialwissenschaftlichen Fächer, in denen nach unserer Erfahrung am häufigsten die Gefahr der Überdetailliertheit besteht, sei noch angemerkt, dass es auch der modernen Verstehens- und Texttheorie sowie der aktuellen Interpretationsmethodik widerspricht, wenn man die Sinn- und Deutungsvielfalt von Texten durch übervolle Erwartungshorizonte einzuschränken versucht. Viele Sachtexte und erst recht die literarischen Werke lassen sich per definitionem nicht auf eine bestimmte Interpretation festlegen. Es gibt immer verschiedene Sichtweisen, ohne dass dies bedeuten müsste, dass alle Sichtweisen gleichrangig wären. Eine geschickte Formulierung der Bewertungskriterien auf einem mittleren Abstraktionsniveau ermöglicht es Ihnen, Qualitätsunterschiede zwischen verschiedenen Interpretationen festzustellen, ohne hierbei fälschlich zu suggerieren, dass es eine einzige ideale, in Dutzende von Einzelkriterien aufschlüsselbare Vorgehensweise gibt, um etwa einen bestimmten Büchner-Text zu analysieren.

Eine einzige DIN-A4-Seite reicht aus!

Wenn Sie die genannten fünf Prinzipien konsequent beherzigen, werden Sie bei der Gestaltung und Verwendung von Erwartungshorizonten signifikante Rationalisierungseffekte erzielen können. Am Rande sei hierbei noch mit Blick auf die in der Sekundarstufe II tätigen Kollegen hervorgehoben, dass die bei den zentralen **Abiturprüfungen** obligatorisch anzufertigenden, sehr ausführlichen Erwartungshorizonte **nicht als Musterbeispiele** herangezogen werden sollten. Bei ihnen dominiert der juristische ganz massiv den pädagogischen Aspekt, auf den ja auch in der Tat, da die Schule keine weiteren Möglichkeiten für pädagogisches Einwirken besitzt, am Ende der Schullaufbahn keine Rücksicht genommen zu werden braucht. Der Fokus des Schulministeriums liegt hier eindeutig bei der weitestgehenden Verrechtlichung des Prüfungsverfahrens, was sich in der Forderung nach besonders kleinschrittigen und jeweils eindeutig verifizierbaren Bewertungen niederschlägt. In der alltäglichen Unterrichtspraxis sollte demgegenüber der pädagogische den juristischen Gesichtspunkt dominieren! Schielen

Sie also nicht auf die Abitur-Erwartungshorizonte, die ganz im Hinblick auf die (juristische) Sondersituation der Abschlussprüfung konzipiert sind und die deshalb für den Alltag nicht taugen!

Um Ihnen eine möglichst konkrete Vorstellung von Aufbau und Inhalt der von uns empfohlenen Erwartungshorizonte zu vermitteln, schauen Sie bitte in der Materialsammlung nach (**KV 3–29**, Materialsammlung S. 71–98 und auf der beigefügten CD). Dort finden Sie verschiedene Musterformulare, die sich auf unterschiedliche Unterrichtsfächer und Jahrgangsstufen beziehen. Es gibt sowohl ausgefüllte Beispielblätter als auch Blankoformulare, die Sie kopieren und direkt nutzen können.

Wenn Sie analoge Formulare für andere Fächer entwickeln oder an der Formulierung einzelner Kriterien etwas verändern möchten, können Sie die entsprechenden Musterbögen im gängigen doc-Format von der diesem Buch beigefügten CD herunterladen und Ihren Vorstellungen anpassen.

Hier noch einmal in übersichtlicher Zusammenfassung die **acht Schritte zur Gestaltung und Verwendung teilstandardisierter Erwartungshorizonte** an Ihrer Schule:

❶ *Klären Sie in Ihrer Fachgruppe bzw. in Ihrem Kollegium mithilfe eines Formulars (vgl.* ***KV 29****, Materialsammlung S. 98 und auf der CD), in welchen Fächern und Jahrgangsstufen mit teilstandardisierten Erwartungshorizonten gearbeitet werden soll!*

❷ *Suchen Sie aus den abgedruckten Musterformularen oder aus im Kollegium bereits vorhandenen Formularen diejenigen heraus, die mit Ihren Vorstellungen am weitestgehenden übereinstimmen!*

❸ *Laden Sie ggf. diese Formulare von der beigefügten CD herunter und fügen Sie Ihre Änderungen ein!*

❹ *Entwerfen Sie zu jedem konstant bleibenden Kriterium drei oder vier Beispiele, die Ihren Schülern dieses Kriterium klar und deutlich veranschaulichen! Machen Sie diese Beispiele auf Infozetteln, Wandanschlägen oder als Download von Ihrer Schulhomepage allen Schülern zugänglich!*

❺ *Erläutern Sie ggf. auch den Eltern Ihrer Schüler, was es mit den Erwartungshorizonten auf sich hat und wo man die besagten drei oder vier Beispiele findet! (In der Elternberatung kommt es übrigens erfahrungsgemäß viel seltener zu Disputen über Noten und Bewertungskriterien, wenn Sie mit Erwartungshorizonten arbeiten.)*

❻ *Besprechen Sie mit Ihren Schülern regelmäßig bei bestimmten Gelegenheiten (z. B. im Rahmen eines jährlichen Methodentrainings) die Bedeutung der konstanten Kriterien! Sprechen Sie vor einer Prüfung, für die ein Erwartungshorizont verwendet wird, mit Ihren Schülern im Unterricht über mögliche variable, also auf den jeweiligen Prüfungsgegenstand zugeschnittene Kriterien!*

❼ *Tragen Sie vor der Korrektur die variablen Kriterien in den Blankobogen ein und kopieren Sie den ausgefüllten Bogen in Klassenstärke, sodass Sie bei der Korrektur der einzelnen Arbeiten nur noch jeweils den Namen des Schülers und die einzelnen Kreuzchen sowie in der untersten Zeile einige Kurzkommentare einzutragen haben!*

❽ *Gehen Sie nach Rückgabe der Arbeit noch einmal im Unterricht die einzelnen Kriterien durch und erläutern Sie Ihren Schülern, was in diesem speziellen Einzelfall unter den einzelnen Kriterien konkret zu verstehen war!*

Vom teilstandardisierten Erwartungshorizont ist es nur ein kleiner Schritt zur Benutzung selbstkorrigierender elektronischer Tests, die Ihnen den größten Teil der Korrekturarbeit abnehmen. Sie erhalten dann auf Knopfdruck eine Auswertung der Ergebnisse aller Schüler und können sich ganz auf die Einfügung freier Kommentare konzentrieren. Wenn Sie einen Prüfungsraum mit PCs für alle Schüler einer Klasse besitzen, kann es sich lohnen, unter www.lehrerakademie-querenburg.de nähere Informationen zum aktuellen Entwicklungsstand derartiger Selbstkorrekturprogramme herunterzuladen.

5. RAND- UND SCHLUSSKOMMENTARE – LIEST DIE ÜBERHAUPT JEMAND? *(Melanie Fröhlich)*

Wir haben in unseren Fortbildungsveranstaltungen immer wieder Lehrer gefragt, was sie bei der Korrekturarbeit am meisten frustriert. Spitzenreiter: Immer wieder auf die gleichen Fehler zu treffen und Kommentare, die keine Wirkung haben. In diesem Kapitel geht es deshalb darum, die **Wirkungschancen** Ihrer Kommentare zu überdenken und zu steigern. Wenn Sie mit einem Erwartungshorizont (vgl. Kap. 4) arbeiten, ist dort das Wesentliche ohnehin schon festgehalten, Stärken und Schwächen des jeweiligen Schülers sind klar erkennbar. Die Kommentierung kann daher kurz ausfallen.

Wenn Sie aber kommentieren, sollten Sie klar zwischen **Rand- und Schlusskommentaren** unterscheiden. Randkommentare können formalisiert werden, d. h. auf Kriterien ihres Erwartungshorizonts verweisen (vgl. Kap. 4) bzw. inhaltliche Korrekturzeichen (vgl. Kap. 3) aufgreifen. Bei Schlusskommentaren, die die Randkommentare zusammenfassend aufgreifen, hängen die Wirkungschancen hingegen stark von ihrem individuellen Charakter ab. Die Kommentierung sollte schließlich in eine Fehleranalyse münden und ggf. Maßnahmen für eine individuelle Förderung festlegen, um langfristig der Korrekturresistenz Ihrer Schüler entgegenzuwirken.

RANDKOMMENTARE

- … haben Belegfunktion
- … können deshalb formalisiert werden
- … können inhaltliche Korrekturzeichen nutzen
- … können Textbausteine zur Fehlerkommentierung nutzen

▷ **STANDARDISIEREN**

5.1 WIRKUNGSVOLL FORMULIEREN, SINNVOLL FORMALISIEREN

Kommentare versprechen, ein **Mittel der Motivationsförderung** zu sein. Sollen sie diese Funktion aber tatsächlich erfüllen, muss die Bezugsnormorientierung beachtet werden. Wie eine Studie eindrucksvoll belegt[3], wirken sozialnormbasierte Kommentare auf leistungsschwache Schüler demotivierend. Unabhängig vom Leistungsvermögen der Schüler sind es individualnormorientierte Kommentare, von denen positive Wirkungen ausgehen. Detaillierter können Sie die Wirkungen von Bezugsnormorientierung nachstehendem Schaubild entnehmen (vgl. **Abb. 4**).

Bezugsnorm / Wirkung auf …	sozial *(„Wenn du dich sehr anstrengst, kannst du den Anschluss an die Klasse noch schaffen.")*	individuell *(„Im Vergleich zur letzten Arbeit hast du deutlich mehr Vokabeln richtig geschrieben.")*	sachlich *(„Du hast fast alle Wörter richtig geschrieben und zeigst damit, dass du den Wortschatz beherrschst.")*
Leistungsschwache	deutlich negativ	besonders positiv	neutral bis positiv
Leistungsstarke	neutral bis positiv Die Kluft zwischen stärkeren und schwächeren Schülern vergrößert sich.	positiv	

Abb. 4 Wirkung von Bezugsnormorientierung

SCHLUSSKOMMENTARE

- … sollten motivationsfördernden Charakter haben
- … Wirkungschancen steigen mit ihrer Individualität und Glaubwürdigkeit
- … sollten in einer Fehleranalyse münden
- … sollten sinnvolle Anschlussübungen aufzeigen

▷ **INDIVIDUALISIEREN**

3 Vgl. Krampen, Günter (1985): *Differentielle Effekte von Lehrerkommentaren zu Noten bei Schülern.* In: Zeitschrift für Entwicklungspsychologie und pädagogische Psychologie 1985. Band XVII, Heft 2, S. 99–123.

Eine individuelle Kommentierung wirkt natürlich nur, wenn sie vom Schüler tatsächlich als individuell wahrgenommen wird, stereotype Wiederholungen können sich hier sogar negativ auswirken. **Schlusskommentare** müssen diesem Anspruch genügen, was durch eine persönliche Anrede zusätzlich unterstützt werden kann. Wie bei den Feedbackregeln (vgl. Kap. 7) sollte eine positive Beobachtung den Kommentar einleiten. Für einen solchen **Positivkommentar** bieten sich besondere Leistungen und Verbesserungen/positive Lernentwicklungen an. Wenn nichts Positives zu finden ist, sollten Sie es keinesfalls erfinden. Das wirkt auch für Schüler konstruiert und wird Lernproblemen nicht gerecht. Im nächsten Schritt sollten Probleme beschrieben und mit einem Verbesserungsvorschlag oder konkretem Übungsauftrag versehen werden. Vermeiden Sie, Stärken und Schwächen Ihrer Schüler zu verallgemeinern und durch Talent oder fehlende Begabung zu erklären. Für die Lernentwicklung kann sich dies insbesondere auf die Lernschwachen negativ auswirken. Gemäß der „sich selbst erfüllenden Prophezeiung“ wird ein sich häufendes Lehrerurteil schnell zu einem „Das kann ich einfach nicht!“ auf Schülerseite. Vielmehr sollte den Schülern gezeigt werden, dass Anstrengungsbereitschaft zu Verbesserungen führen kann.[4] Kommunizieren Sie ‚auf gleicher Augenhöhe‘ und bieten Sie deutlich Ihre Unterstützung an. In kritischen Fällen, bei starkem Leistungseinbruch oder konstanten Fehlleistungen, sollten Sie anstelle der Kommentierung lieber ein persönliches Beratungsgespräch suchen.

Eine **Checkliste** hilft Ihnen beim Schreiben von Schlusskommentaren:

❶ Ich nutze Du-Botschaften mit persönlicher Anrede.

❷ Ich beginne mit einer positiven Beobachtung (besondere Leistung, positive Lernentwicklung in einem Bereich).

❸ Ich beschreibe Probleme neutral und gebe einen Verbesserungsvorschlag oder Übungsauftrag.

❹ Ich erkläre Stärken und Schwächen nicht durch Talent oder fehlende Begabung.

❺ Ich biete Unterstützung an.

4 Sehr gut eignet sich hier die Methode „Gruppenrallye“, eine Form des kooperativen Lernens.

Gegenüber den Schlusskommentaren dienen **Randkommentare** weniger der Schülermotivation, sondern haben **Belegfunktion:** Sie sollen Leistung belegen und transparent machen, dem Lehrer zwecks Notenfindung, dem Schüler zwecks Nachvollziehbarkeit seiner Leistungsbewertung.

Randkommentierungen sind der erste Schritt, um Leistungen für bestimmte Indikatoren beispielsweise mithilfe eines Zweipolrasters (vgl. Kap. 6) abzubilden. Ihre Schreibarbeit kann durch die Verwendung **inhaltlicher Korrekturzeichen** in Kombination mit Leistungsstufen wesentlich reduziert werden. Eine sehr gut erfüllte Aufgabenstellung wird dann bspw. mit **AUFG++** am Rand markiert. Diese formalisierten Kennzeichnungen sind schnell wieder aufzufinden und in ein Raster übertragbar.

Wollen Sie hingegen Fehler kommentieren, empfiehlt es sich für textförmige Klassenarbeiten jeder Art, mit einem **Korrekturbogen** zu arbeiten. Zur Vorgehensweise: Sie beginnen mit Ihren Korrekturen. Wenn Sie einen Fehler kommentieren wollen, dann vergeben Sie dafür eine römische Zahl. Diese Kennziffer notieren Sie am Rand der Arbeit, den Kommentar hingegen schreiben Sie in eine Tabelle (in leserlicher Handschrift oder am Computer, vgl. **Abb. 5**). Vorteil: Einen erneut auftretenden Fehler müssen Sie jetzt nicht wieder kommentieren, sondern nur auf die Kennziffer verweisen. Zusätzlich gehen Sie so sicher, dass Sie gleiche Fehler nicht verschiedenartig kommentieren und werten. Schüler empfinden ein solches Vorgehen als besonders gerecht. Die komplette **Fehlerliste** kann dann allen Schülern ausgehändigt und auch als Grundlage für eine Nachbesprechung genutzt werden. Schüler können so erkennen, welche Fehler grundsätzlich gemacht werden konnten, und können ihre eigenen Fehler einordnen. Ohnehin bietet die Fehlerliste einen guten Ansatzpunkt für eine Fehleranalyse.

Beispiel für einen Korrekturbogen	
I.	Du hast die Aufgabenstellung verfehlt. Der Operator >erläutern< erfordert, anders als >erklären<, ein Arbeiten mit Beispielen und Belegen. Übungsauftrag: Setze dich nochmals mit der Bedeutung der Operatoren auseinander.

II.	An dieser Stelle fehlt deine Positionierung. Verbesserungsvorschlag: Stelle nicht nur Pro- und Contra-Argumente gegenüber, sondern gelange zu einer begründeten persönlichen Einschätzung. Übungsauftrag: Arbeite mithilfe der Methode „Strukturierte Kontroverse" an einem aktuellen Thema.
III.	...

Abb. 5 Beispielhafter Korrekturbogen

5.2 EFFIZIENTE FEHLERANALYSE[5]

Haben Ihre Schüler ein Fehlerbewusstsein, d. h. wissen sie, welche Fehler für sie typisch sind? Wenn Sie sich über die immer gleichen Schülerfehler ärgern, dann wohl nicht. Grund hierfür ist, dass bei der Rückgabe der Klassenarbeit vor allem die Note interessiert. Ist die Note gut genug, sehen Schüler keine Notwendigkeit, sich mit ihren Fehlern zu befassen; ist sie sehr schlecht, sehen Schüler keine Chance, aus eigener Kraft etwas daran zu ändern. Das heißt: Ein Lernen aus Fehlern muss vorbereitet werden und beginnt mit einem ersten Umdenken. Eine Auseinandersetzung mit den eigenen Fehlern kann helfen, Leistungen zu steigern. Kurz: Der Fehler wird zur Lernchance.

Sie können ein solches Umdenken am besten unterstützen, indem Sie Schülern eine langfristige Entwicklungsperspektive aufzeigen. Das gelingt durch das Anlegen einer **Schülerdatenbank,** in der die wichtigsten Informationen zu Fehlerbereichen gesammelt werden. Das klingt nach viel Arbeit? Wenn wir davon ausgehen, dass Sie Fehler früher individuell kommentiert haben, dann kann Ihr Arbeitsaufwand durch Systematik sogar gesenkt werden. Bedenken Sie, die immergleichen Fehler müssen von Ihnen nicht länger kommentiert werden. Ein Verweis auf eine frühere Beurteilung genügt. Vielleicht ärgert sich aber dafür Ihr Schüler und ist gewillt, diesen Fehlerbereich endlich in Angriff zu nehmen. Über diese langfristig angelegte Dokumentation können Sie Ihren Schülern Lernfortschritte transparent machen und sie zum Lernen motivieren. In bloßen Noten werden Lernfortschritte in Teilbereichen dagegen nur schwer sichtbar. Praktikabel ist es hierbei, für ein Schul(halb)jahr einen Förderbereich zu bestimmen und für diesen eine Entwicklung festzustellen.

Grundsätzlich ist eine **neue Fehlerkultur** oder die so genannte „fehlerfreundliche Schule" gefordert. Oft werden Fehler überwiegend als ein Defizit verstanden, das es schnellstmöglich auszumerzen gilt. Die Folge sind Fehlervertuschungsstrategien – Schüler sind bemüht, Fehler zu verstecken, um so der Korrektur zu entgehen. Die neuere Didaktik versteht Fehler demgegenüber weniger als Defizit, sondern als eine für den ‚Fehlenden' sinnhafte Konstruktion. Das heißt für den Schüler ist eine falsche Schreibweise, wie beispielsweise *höhren*, sinnvoll, weil sie assoziativ mit der Schreibweise *Ohr* verknüpft ist. Auch wer *ballonsieren* statt *balancieren* schreibt, hat das Verb zwar fälschlicherweise vom Substantiv Ballon abgeleitet, aber sich immerhin etwas dabei gedacht. Das macht deutlich, dass ein bloßer Verweis auf die korrekte Schreibweise wenig hilfreich sein kann. Vielmehr kommt es darauf an, den Fehler zu verstehen und den Schüler zu einer neuen Konstruktion anzuregen. Die produktorientierte Fehleranalyse wäre demnach um eine handlungsbegleitende, prozessorientierte zu ergänzen. Das kann durch Fragen nach dem Lösungsweg (Wie kommst du zu dieser Lösung?) oder Fragen nach den Fehlerursachen (Warum schreibst du das so?) gelingen. Im Unterricht sollte Zeit für eine derartige Fehleranalyse eingeräumt werden. Beispielsweise kann der „Fehler der Woche" (hier bieten sich klassentypische Fehler an, aus denen möglichst alle viel lernen können) an der Tafel notiert und analysiert werden. Hierbei kann es sich natürlich nur um ein exemplarisches Vorgehen handeln, das als Routine eingesetzt jedoch die Einstellung der Schüler zu Fehlern ändern und ihnen Strategien im sinnvollen Umgang mit Fehlern an die Hand geben kann.

Für eine **Fehleranalyse** ist eine Sondierung von Fehlerbereichen für die jeweiligen Jahrgangsstufen unerlässlich. Da es hier im weitesten Sinne um Textproduktion geht, kommt diesen Fehlerbereichen auch eine fächerübergreifende Relevanz zu, die Schülern besonders gut deutlich gemacht werden kann, wenn diese nicht nur vom Deutschlehrer ausgewiesen werden. Eine Schwäche in der Textgliederung wird sich im Deutschaufsatz ebenso wie in der Geschichtsklausur niederschla-

5 In diesem Unterkapitel geht es um die Fehleranalyse aus Lehrerperspektive, die in Kap. 7 um die Schülerperspektive ergänzt wird.

gen. Grundsätzlich empfiehlt sich die Unterscheidung von **vier Fehlerbereichen** nach Sprache, Inhalt, Aufbau und Prozess. Der Kopiervorlage **KV 30** (Materialsammlung S. 99 und auf der CD) können Sie eine grundsätzliche Spezifizierung entnehmen, die auch für die fächerübergreifende Konsensfindung eingesetzt werden kann.

Eine Rückmeldung zu diesen Fehlerbereichen sollte eine Formulierung – wie Brenner[6] sie vorschlägt – nutzen: Du kannst dich verbessern, indem du

- einige Bereiche der Rechtschreibung wiederholst [1A]
- Zeichensetzung übst [1B]
- einige Bereiche der Grammatik übst, insbesondere ... [1C]
- an deinem Ausdruck arbeitest [1D]
- übst, Begriffe klarer zu definieren und genauer zu verwenden [2E]
- an deinem Darstellungsvermögen arbeitest [2F]
- lernst, deine Texte vorab zu gliedern [3G]
- lernst, vorab wichtige Punkte zu sammeln und zu hierarchisieren [3H]
- übst, dir die Zeit besser einzuteilen [4I]
- vor Abgabe deinen Text gezielt auf Fehler durchliest [4J].

Die Fehlerbereiche können ebenfalls als Textbausteine verwendet werden und sind ggf. zu ergänzen und zu konkretisieren. Der entscheidende Schritt ist jetzt natürlich der Übergang zu **sinnvollen Anschlussübungen.** Wir sind uns einig: Ein wiederholendes Abschreiben eines korrigierten Wortes oder Satzes bringt noch keinen nachhaltigen Lerneffekt. Das Fehlerraster kann auch für eine erste Übung zur Fehlersensibilisierung genutzt werden. Vom Lehrer gekennzeichnete Fehler werden analysiert und den jeweiligen Bereichen zugeordnet. Um ein Bewusstsein für die eigenen Fehler auszubilden, ist es sinnvoll, Fehler klassifizieren zu können. Ohnehin sollte eine effektive Fehleranalyse und -korrektur ihre Schüler metakognitive Strategien[7] entwickeln lassen.

Sinnvolle Anschlussübungen setzen daher bei den methodisch-strategischen Kompetenzen an. Dazu führen viele Schulen bereits Methodentage durch.

Im „Methodenführerschein"[8] finden Sie sehr gutes Material für sinnvolle Anschlussübungen, wie beispielsweise das **Fehlerkillerheft.** Auch zu weiteren relevanten Themen, wie Markieren, Strukturieren, Umgang mit Nachschlagewerken oder Zeitplanung, gibt es sehr übersichtliche Erklärungen der Methoden plus sinnvolle Übungen.

Schüler lernen Instrumente kennen und verwenden, die sie in ihren Arbeitsprozessen unterstützen. Auch dieses methodisch-strategische Vorgehen macht noch einmal deutlich: Fehler sind nicht schlimm, solange ich weiß, wie ich sie finden und verbessern kann. Bereits in Grundschulen wird den Schülern, nachdem sie einen Text verfasst haben, Zeit zum Überarbeiten eingeräumt, beispielsweise für gezieltes Nachschlagen bei unsicheren Schreibweisen oder aber für eine Textbesprechung in Form einer Schreibkonferenz.

An den jeweiligen Fehlerbereichen muss aber nicht zwangsläufig individuell weitergearbeitet werden. Da Sie grundsätzlich vier Problembereiche unterschieden haben, können Sie jetzt auch Arbeitsgruppen bilden, die heterogen oder homogen in Abhängigkeit von ihrem pädagogischen Ziel zusammengesetzt sein können. Für solche Arbeitsgruppen bietet sich das gemeinsame Erarbeiten eines Problembereiches mithilfe von Übungsmaterialien an. Dieses Übungsmaterial sollte nach den vier Bereichen systematisiert und im Schwierigkeitsgrad auf die jeweiligen Jahrgangsstufen abgestimmt sein. Kooperation ist hier sinnvoll. Gemeinsam ist das entsprechende Material schnell zusammengestellt und jeder Lehrer profitiert. Heterogene Gruppen können Sie auch stärker konzeptionell arbeiten und voneinander lernen lassen, beispielsweise mithilfe des **Vier-Feld-Szenarios** (vgl. **Abb. 6**). Nehmen wir an, eine heterogene Gruppe arbeitet zum Bereich *Textaufbau*. Hierfür sind Ist- und Soll-Zustand zu beschreiben, Gründe und Maßnahmen festzulegen, die schließlich in die Praxis umgesetzt werden müssen.

6 Vgl. Brenner, Gerd, *Fundgrube Deutsch. Sekundarstufe I und II.* Berlin 2006.

7 Weiterführend: Götz, Thomas, *Selbstreguliertes Lernen. Förderung metakognitiver Kompetenzen im Unterricht der Sekundarstufe.* Donauwörth 2006.

8 Hinkeldey, Dietrich, *Methodenführerschein 1+2. Bausteine für systematisches Methodenlernen.* Donauwörth 2006/2009.

Ist *(Wie stellt sich das Problem dar?)*	**Soll** *(Wie sollte es eigentlich sein?)*
▷ Der Text springt. ▷ Der Text ist widersprüchlich. ▷ Einleitung und Fazit fehlen.	▷ Der Text sollte flüssig sein. ▷ Der Text sollte logisch sein. ▷ Der Text sollte durch Absätze zusätzlich gestaltet sein. ▷ Einleitung, Hauptteil, Fazit
Gründe *(Wie lässt sich das Problem begründen?)*	**Maßnahmen** *(Welche Maßnahmen können zur Lösung des Problems beitragen?)*
▷ drauflosschreiben ▷ Mir ist nicht klar, was ich sagen will.	▷ Ideen sammeln und gewichten ▷ Gliederung erstellen, ggf. mit Aufzählung arbeiten ▷ Visualisieren ▷ einen Einleitungssatz formulieren ▷ Ergebnisse zusammenfassen

Abb. 6 Vier-Feld-Szenario zum Bereich Textaufbau

Es versteht sich wohl von selbst, dass ein solch zeitaufwendiges Vorgehen nicht nach jeder Klassenarbeit durchgeführt werden kann. Die langfristig angelegte Entwicklungsperspektive ermöglicht aber auch ein gezieltes Üben, beispielsweise im Drei-Monate-Takt. Als zusätzliche Motivation können Lernfortschritte gemäß der individuellen Bezugsnorm festgehalten und für die Endnote berücksichtigt werden.

Um solche individuellen Lernfortschritte für sich und Ihre Schüler, ggf. deren Eltern, übersichtlich und möglichst zeitsparend festhalten zu können, gibt es inzwischen verschiedenste Vorlagen, die Sie unter Begriffen wie *Beobachtungsbögen, Lerndokumentationen, Portfolio etc.* auf Homepages von Schulen oder in Unterrichtsmaterialien finden können. In „Individuell Fördern – Das Praxisbuch"[9] finden Sie nicht nur vielfältige solcher Vorlagen, sondern auch Tipps und Hilfestellungen für den sinnvollen, nichtzeitraubenden Einsatz derselben.

9 Kress, Karin; Rattay, Cathrin; Schlechter, Dirk; Schneider, Jost, *Individuell fördern – Das Praxisbuch.* Donauwörth 2009.

6. NOTENFINDUNG *(Melanie Fröhlich)*

Die Notenfindung zählt wohl zu den leidigsten, wenn nicht sogar belastendsten Aufgaben des Lehrerberufs. Sie ist ebenso heikel wie komplex und bewegt sich im unauflösbaren Spannungsfeld pädagogischer Ansprüche (insbesondere Förderfunktion) und gesellschaftlicher Erfordernisse (insbesondere Selektionsfunktion). In der Praxis sind Lehrer daher nachvollziehbarerweise um möglichst wenige Konflikte und einen vertretbaren Arbeitsaufwand bemüht.

Doch dem um Effizienz und auch noch gerechte Bewertung bemühten Lehrer wird es nicht gerade leicht gemacht. Verordnungen wie der – 2006 zwar in NRW aufgehobene – Drittel-Erlass trugen nicht gerade zur Arbeitserleichterung bei. (Der Förderalismus lässt die Quoten zwischen 25 und 50% von Land zu Land zudem stark variieren.) Der Erlass sah vor, dass eine Klassenarbeit vom Schulleiter extra zu genehmigen war, wenn mehr als ein Drittel der Klasse kein ‚Ausreichend' erzielte. Die Folgen sind offensichtlich: Bevor eine Klassenarbeit wiederholt werden muss, lieber die Erwartungen nach unten korrigieren und die Noten nach oben anpassen. Problematisch ist hierbei zweierlei: Zum einen kann eine Klassengemeinschaft, die dieses Vorgehen durchschaut hat, eine Klausur boykottieren und Leistung verweigern. Zum anderen wird das beschönigte Ergebnis langfristig eventuell ernst genommen und einem verzerrten Bild des eigenen Leistungsvermögens Tür und Tor geöffnet. Das alles kann nicht im Sinne einer realistischen, fairen und aussagekräftigen Leistungsbeurteilung sein.

Wie kann Notengebung jedoch gleichermaßen gerecht und effizient sein? In drei Schritten zeigen wir Ihnen den Weg zum souveränen Umgang mit der Notenfrage. Besonders wichtig ist es hierbei,

❶ sich **Fehlerquellen** bei Korrekturarbeit und Notenermittlung bewusst zu machen,

❷ professionell mit **Bezugsnormen** umzugehen,

❸ zur Erfüllung der sachlichen Bezugsnorm vorab eine **Punkte- bzw. Fehlerzuweisung** vorzunehmen und eine **Mindestkompetenz** zu definieren.

Kritiker sind sich weitestgehend einig: Schulische Leistungsbeurteilung kann kaum die für Messungen geltenden Gütekriterien erfüllen. Die Ergebnisse variieren von Prüfer zu Prüfer um bis zu einer Notenstufe (mangelnde Objektivität). Oft wird nicht das getestet, was getestet werden soll. So werden beispielsweise bei zu schwierigen oder zeitlich zu knapp bemessenen Klassenarbeiten weniger die fachlich-inhaltlichen Kompetenzen als vielmehr Stressresistenz, Konzentrationsfähigkeit, Ausdauer oder die Arbeitsgeschwindigkeit festgestellt (mangelnde Validität). Auch bleibt zweifelhaft, ob ein Lehrer bei wiederholter Auswertung zum gleichen Ergebnis käme (mangelnde Reliabilität). Die sogenannten Testgütekriterien sind aber auch nur bedingt auf schulische Leistungsbeurteilung übertragbar. Dem pädagogischen Ermessen kommt eine besondere Bedeutung zu, Subjektivität ist gewissermaßen gewollt. Gerechte Leistungsbeurteilung steht daher mit zwei Prinzipien in Verbindung:

1. der **‚kontrollierten Subjektivität'** und
2. der **‚kommunikativen Validierung'**.

Das erste Prinzip bedeutet, sich subjektive Faktoren, die in die Leistungsbeurteilung hineinspielen, bewusst zu machen. Das zweite Prinzip besagt hingegen, dass der Wert einer Leistung nicht absolut ist, sondern ausgehandelt werden muss.

Sinnvoll ist es, in der Schul-, Fach- oder Klassenkonferenz Kriterien der Leistungsbeurteilung zu bestimmen. Wichtig ist es auch, gemeinsam mit den Schülern zu bestimmen, wie eine Leistung beurteilt werden sollte (weiterführend Kap. 7). Für Textsorten bietet sich hierzu das Erarbeiten einer Checkliste an, die dann gut in einen Erwartungshorizont übertragen werden kann. Für Schüler ist ein solches Verfahren sehr transparent, indem klar wird, was überhaupt geprüft und wie geleistet werden soll. Nebenbei kann sich diese Zieltransparenz auch positiv auf Ihre Korrekturarbeiten auswirken, indem Schüler seltener „an der Aufgabe vorbei schreiben". Eine pädagogische Leistungsbeurteilung ist und bleibt auf das Engste mit den Lernzielen Ihres Unterrichts verbunden und sollte den Schülern über das Erreichen dieser Ziele Auskunft geben.

6.1 DEN FEHLERQUELLEN BEI KORREKTURARBEIT UND NOTENFINDUNG AUF DER SPUR

Für eine gerechtere Notenfindung sollten Sie sich zunächst Ihre persönlichen Fehlerquellen bewusst machen, in die auch die **‚heimlichen Qualitätsstandards'** Ihrer Schule hineinspielen. Überlegen Sie zunächst: Wofür stehen gute Noten an Ihrer Schule? Für guten Unterricht oder für ein zu niedriges Anforderungsniveau? Die Konsequenzen liegen auf der Hand: Im ersten Fall werden Lehrer um einen guten, im zweiten Fall um einen schlechteren Notendurchschnitt bemüht sein. Die Noten sagen dann mehr über das Selbstverständnis der Schule als über das Leistungsvermögen der Schülerschaft aus. Um dies zu vermeiden, sollte eine offene Diskussion im Kollegium geführt werden, die ggf. zu einer neuen Orientierung führt. Auch eine eingeschliffene Selbstwahrnehmung, bspw. als ‚harter Hund' oder aber als ‚Schülerversteher', führt zu Fehlern, den sogenannten **Strenge- oder Mildefehlern**. Eine exemplarische Erst- und Zweitkorrektur in Kooperation mit einem Fachkollegen kann die Selbsteinschätzung verbessern und Orientierung geben. Auch das Schreiben von parallelen Klassenarbeiten empfiehlt sich, obgleich zu berücksichtigen ist, dass der Unterricht zweier Kollegen weder die identischen Voraussetzungen für eine Prüfung liefern kann, noch muss. Ab der Sekundarstufe besteht zudem die Möglichkeit für eine anonyme Schülerbefragung, denn Schüler haben schließlich den Vergleich.

Beobachtet wurde auch eine **Tendenz zur Mitte bzw. zu Extremen** bei der Notenvergabe. Zwar ist die Gauß´sche Normalverteilung für zufällige Klassengemeinschaften nicht repräsentativ, aber ebenso ist ein dauerhaftes Auftreten einer der beschriebenen Tendenzen unwahrscheinlich. Mitunter trägt ein **verfestigtes Bild** vom guten oder schlechten Schüler zu Verzerrungen in der Notenvergabe bei. Eine Korrektur der Klausuren gemäß Ihrer Leistungserwartungen, bspw. von schlecht nach gut, kann das Ergebnis vorwegnehmen, zumindest manipulieren.

Tückisch sind auch die sogenannten **Reihenfolgeeffekte**. Haben Sie beispielsweise eine mangelhafte Arbeit gelesen und folgt darauf eine eigentlich befriedigende Leistung, kann diese leicht als gut erscheinen.

Vier weitere Dimensionen von Subjektivität spielen in die Notenfindung herein und sollten unbedingt reflektiert werden:

- Sie haben einen schlechten Tag erwischt. Nichts will gelingen und dann auch noch die längst fällige Korrektur der letzten Klassenarbeit. „Das fehlt mir heute gerade noch!" Ein schlechtes Ausfallen wird Sie nicht weiter wundern, es passt ja zum Tag. Spiegelt es aber nicht vielmehr Ihre **tagesaktuelle Stimmung** als den Leistungsstand Ihrer Klasse wider?
- **Sympathien und Antipathien** können sich auf die Notengebung auswirken. Beliebte Schüler haben nachweislich die besseren Noten. Auch die Form kann über den Inhalt täuschen (bspw. schlechtes Schriftbild = schlechte Note).
- Schließlich sollten Sie Ihren **milieuspezifischen Habitus** aus der Distanz betrachten. Angefangen bei „Punks kann ich echt nicht leiden!" bis hin zu „Die Eltern leben auch von Hartz IV!". Noch immer erhalten Kinder aus unteren Schichten schlechtere Noten. Und ein am Elternabend rhetorisch beeindruckender Vater kann über das Potenzial seines Filius hinwegtäuschen.
- Manchmal ist es sogar das **eigene Beziehungsgeflecht**, das Objektivität erschwert („Die Mutter ist bei mir im Chor!"). In all diesen Fällen lohnt sich ein zweiter, kühlerer Blick auf das zu bewertende Produkt.

Darüber hinaus kann sich auch eine systematische **Aufgaben- und Prüfungsanalyse** lohnen. Warum? Es geht darum, funktionierende Prüfungsaufgaben zu erkennen und ein eigenes Repertoire anzulegen. (Dieses Vorgehen kann durch eine schulinterne Prüfungsdatenbank unterstützt werden.) Zur Vertiefung Ihrer ersten Grobanalyse können Sie den Auswertungsbogen zur Aufgaben- und Prüfungsanalyse heranziehen (vgl. **KV 31**, Materialsammlung S. 100 und auf der CD).

6.2 DIE QUAL DER WAHL: WELCHE BEZUGSNORM DARF'S DENN SEIN?

Besonders problematisch bei der Notenfindung ist die Anwendung der drei Bezugsnormen (vgl. **Abb. 7**):

1. **Sachliche Bezugsnorm**: Bemessung nach absoluten Standards (Ist die Rechtschreibung korrekt?)

❷ **Soziale Bezugsnorm**: Vergleich mit Leistung der Klassenkameraden (Wie viele Klassenkameraden schreiben korrekter?)

❸ **Individuelle Bezugsnorm**:
a) Relativierung hinsichtlich der individuellen Lernausgangslage (Schreiben andere, die sich [z. B. als Migrantenkinder] in einer vergleichbaren Lage befinden, überwiegend korrekter?)
b) Relativierung hinsichtlich der individuellen Lernfortschritte (Schreibt das Kind korrekter als vorher?)

Die Grundidee des Schulgesetzes sieht eine Bemessung nach absoluten Standards erst am Ende der Schullaufbahn, nicht jedoch vorher als leitenden Aspekt vor. Das heißt, die unter 2 und 3 genannten relativierenden Faktoren können bis ein Jahr vor Ende der Schullaufbahn mit maximal einer halben Notenstufe als Bonus/Malus angerechnet werden. Das Schulgesetz klärt allerdings nicht explizit, wie das geforderte Primat pädagogischer Erwägungen operationalisiert werden soll. **Oberstes Primat** sollte sein: Weisen Sie Bezugsnormen klar aus. Durch eine einfache Addition der verschiedenen Bezugsnormen geht deren Aussagekraft verloren. Jede Bezugsnorm hat allerdings auch ihre blinden Flecken, sodass sich ein kombiniertes Verfahren empfiehlt. Nehmen wir ein Beispiel aus der Sportwelt: Wenn es heißt, die Leistungen einer 100-m-Sprinterin lagen deutlich über ihrer Bestleistung, dann besagt das zunächst nur, dass eine Leistungssteigerung (vgl. individuelle Bezugsnorm) vorliegt. Dass unsere Sportlerin trotz dieser Bestleistung bei der WM bereits im Vorlauf ausgeschieden ist, zeigt den Stellenwert dieser Leistung im Vergleich zu anderen Leistungen (vgl. soziale Bezugsnorm). Welche Bezugsnorm wende ich aber zur Notenfindung meiner Klassenarbeiten an?

In der Praxis überwiegt trotz andauernder Kritik immer noch die soziale Bezugsnorm, oft in Verbindung mit der ebenso zweifelhaften Gauß´schen Normalverteilung. Bereits ein Beschluss der KMK von 1968 untersagt jedoch eine Notenermittlung nach der sozialen Bezugsnorm. Warum dieses Verfahren so hartnäckig in der Praxis anzutreffen ist, erklärt sich durch seine einfache Handhabung. Die Ergebnisse der Schüler werden in ein Klassenranking formiert und die Notenstufen gemäß der Normalverteilung festgelegt. Die Aussagekraft dieser Noten beschränkt sich dann aber ganz auf die jeweilige Klasse! Deutlicher: Ein durchschnittlicher Schüler kann in einer leistungsschwachen Klasse ein ‚Gut' erzielen, was in einer leistungsstarken Klasse einem ‚Ausreichend' gleichkäme. Auch Leistungsveränderungen werden so kaum sichtbar, das Leistungsvermögen ist relativ konstant und wird angeblich durch die grundsätzlichen Fähigkeiten eines Schülers erklärt. Faktoren wie Anstrengungs- und Lernbereitschaft spielen hier eine stark untergeordnete Rolle, sodass der Anreiz zur Verbesserung aus eigenen Kräften schwindet. Für die Leistungsschwächeren ist eine derart angelegte Bewertung enorm demotivierend. Das Aufzeigen von Lernfort- bzw. -rückschritten gemäß der individuellen Bezugsnorm ist daher sinnvoll und motivierend. Sie bietet sich zwar keinesfalls als alleiniger Maßstab an, aber **vier Anwendungsmöglichkeiten** lassen sich jedoch ausmachen:

❶ Als **relativierender Faktor** bei der Vergabe der Zeugnisnote, indem eine individuelle Leistungssteigerung honoriert wird.

❷ Im Unterricht durch **differenzierte Lernangebote**.

❸ In der Prüfung in Form von **Auswahlaufgaben** oder auch **offenen Aufgabenstellungen**. (vgl. Infokasten – Vorschlag Sacher).

❹ In Form von **Kommentierungen**, die der individuellen Bezugsnorm folgen (vgl. hierzu Kap. 5).

wann? *welche?*	Unterricht	Prüfung	Bewertung
Individuelle Bezugsnorm	Differenzierte Lernangebote durch offene Unterrichtsformen	Auswahlaufgaben oder offene Aufgabenstellung	(als relativierender Faktor bei Endnoten)
Sachliche Bezugsnorm	Verbindlicher Maßstab für Lernziele		
Soziale Bezugsnorm	-	-	Legitimierung von Leistungen

Abb. 7 Empfehlungen zur Handhabung von Bezugsnormen (in Anlehnung an Sacher 2001: 40–55)

Wenn Sie Aufschluss über Ihre eigene Bezugsnormorientierung gewinnen wollen, können Sie dafür den von Rheinberg entwickelten Fragebogen nutzen. Sie finden ihn unter: http://www.psych.uni-potsdam.de/people/rheinberg/messverfahren/FEBO.pdf (Stand 3.3.2010).

6.3 VOM INDIKATOR ZUR NOTENSTUFE – WIE GEHT DAS?

Wie unsere Auseinandersetzung mit den Bezugsnormen zeigt, sollten absolute Standards leitend sein. Voraussetzung hierfür ist allerdings, dass die Kriterien vorab festgelegt und auch den Schülern bekannt sind (vgl. kommunikative Validierung). Das beste Instrument hierfür haben Sie im Kapitel 4 mit dem Erwartungshorizont bereits kennengelernt. Wie komme ich aber nun vom Indikator zur Notenstufe? Eine Bewertung gemäß der sachlichen Bezugsnorm bedeutet, ein klares Erwartungsbild zu entwickeln. Das gelingt, indem Kompetenzstufen im Hinblick auf die Lernziele unterschieden und in Form einer Bewertungsmatrix festgehalten werden. Hierbei handelt es sich um eine Aufgabe, die am besten in Kooperation mit Fachkollegen gelöst werden kann. Ausgangspunkt sollte die Definition einer Mindestkompetenz sein. Das heißt, was muss ein Schüler können, damit eine ausreichende Leistung vorliegt? In der Praxis hat sich das Zweipolverfahren bewährt. Hierzu werden die Kriterien des Erwartungshorizonts durch inhaltliche Korrekturzeichen wiedergegeben (alternativ können Sie auch die Kriterien Ihres Erwartungshorizonts durchnummerieren, vgl. dazu Kap. 4). Diese werden nun am Rand in Kombination der Leistungsstufen verwendet (beispielsweise AUFG++, AB–). Alle Randkommentare können anschließend ins Zweipolraster übertragen werden (vgl. **Abb. 8**). Per Pfeil wird das Spektrum der Leistung festgehalten und mit einem dicken Punkt die Tendenz notiert und dann in Form einer Note in den Erwartungshorizont übertragen. Besonders bei kritischen Fällen (liegt doch noch eine gute oder bereits eine befriedigende Leistung vor?) kann dieses Verfahren hilfreich sein. Bei sehr guten oder sehr schwachen Leistungen kann dieser Schritt in der Regel ausgelassen werden.

Beurteilung Indikator	++	++ + +/= = – –– ◄────►	––
Erfassung der Aufgabenstellung ***AUFG***	Die Aufgabenstellung wird erfüllt.		Die Bearbeitung geht an der Aufgabenstellung vorbei.
Tiefe des gezeigten Wissens (Genauigkeit) ***WT***	Das gezeigte Wissen geht sehr stark in die Tiefe.		Das gezeigte Wissen bleibt sehr stark an der Oberfläche.
Breite des gezeigten Wissens (Vollständigkeit) ***WB***	Das geforderte Wissen wird vollständig gezeigt.		Das geforderte Wissen wird nur sehr unvollständig gezeigt.
Klarheit des Aufbaus ***AB***	Der Text ist sehr gut aufgebaut.		Der Textaufbau ist nicht logisch.
Gedankliche Eigenständigkeit ***EIG***	Eine eigene Position ist sehr gut erkennbar.		Eine eigene Position ist überhaupt nicht erkennbar.
Gesamteindruck	Sehr überzeugende Leistung		Ungenügende Leistung

Abb. 8 Zweipolraster

Ein formaleres Vorgehen kann bei der Punktezuweisung ansetzen. Wenn in einer Klausur 100 Punkte zu erreichen sind, steht das Erreichen von 50 % für eine ausreichende Leistung. Besteht die Klausur aus Teilaufgaben, kann es sinnvoll sein, diese 50 %-Regelung auf jeden Teil anzuwenden, um so auszuschließen, dass ein Expertenwissen in einem unbedeutenderen Teilbereich absolutes Unwissen in einem bedeutsameren ausgleichen und so zu einer befriedigenden Leistung führen kann. Eine Gewichtung der Teilaufgaben kann diesen Fall ausschließen.

Demgegenüber ist bei der Bewertung von Multiple-Choice-Aufgaben der Rateeffekt zu berücksichtigen. Das heißt, für 100 Multiple-Choice-Aufgaben mit je vier Auswahlantworten liegt die Ratewahrscheinlichkeit bei 25 %. Somit liegt für 25 Punkte eine ungenügende Leistung vor.

☐ *EXKURS:* BENOTUNG UND BEWERTUNG VON SCHÜLERN MIT LRS (LESE-RECHTSCHREIB-SCHWIERIGKEITEN)/LEGASTHENIE ODER RECHENSCHWIERIGKEITEN/DYSKALKULIE

(Cathrin Rattay)

Muss ich Max immer wieder eine 6 in Mathematikarbeiten geben, obwohl ich weiß, dass er Dyskalkulie hat?

Darf ich Niklas auch noch in Klasse 8 die Aufgabenstellung im Erdkundetest/in der Englischarbeit vorlesen? Ich weiß doch, dass er ansonsten die Aufgabe meistens erst gar nicht versteht?

Darf Lara (Stufe 11, Legasthenikerin) ihre Aufsätze – auch Klausuren – am Computer schreiben und die Rechtschreibkorrektur nutzen?

Darf ich Lisa andere Aufgabenstellungen bei Rechtschreibüberprüfungen stellen als den anderen, auch wenn nur wir in der Schule (mittels HSP) festgestellt haben, dass sie zu den sehr schwachen Rechtschreibern gehört?

Leider hängt innerhalb von Deutschland die Antwort auf diese und viele weitere Fragen zum Thema davon ab, **in welchem Bundesland** Sie unterrichten. Zwar gibt es einen Beschluss der Kultusministerkonferenz (KMK) zum Thema, doch der in der KMK angestrebte einheitliche Umgang mit betroffenen Schülern hat bisher nicht zu einer einheitlichen Regelung der Bundesländer geführt. Denn **rechtsgültig** für das jeweilige Bundesland ist nicht der Beschluss der KMK, sondern der jeweilige **Erlass** zum Thema LRS/Legasthenie bzw. Rechenschwierigkeiten/Dyskalkulie. In Bundesländern, die keinen gesonderten Erlass zum Thema haben (z. B. Thüringen und Sachsen-Anhalt), gelten die allgemeinen Bestimmungen der Schulordnung und/oder der Verordnung zur sonderpädagogischen Förderung.

Auf der Homepage des BVL/Bundesverbandes Legasthenie und Dyskalkulie (http://www.bvl-legasthenie.de) finden Sie unter dem Link „Recht" u. a. Informationen zu den schulrechtlichen Regelungen der Länder. Sie erhalten in einigen Fällen eine knappe Zusammenfassung der Landesbestimmungen, werden zum jeweiligen Erlass weitergeleitet oder – was besonders wertvoll ist – finden Verweise darauf, wo in den allgemeinen Bestimmungen zur Schulordnung oder in den Verordnungen zur sonderpädagogischen Förderung die Stellen zu finden sind, die auf LRS/Legasthenie bzw. Rechenschwierigkeiten/Dyskalkulie angewendet werden.

Um die konkrete Rechtsgrundlage zur Benotung betroffener Schüler für jedes einzelne Bundesland bis in die wichtigen Detailfragen darstellen zu können, bräuchte man viel mehr Platz, als es ein Exkurs zum Thema *Effizienter Korrigieren* rechtfertigt. Zudem ändern sich die Bestimmungen der Länder immer wieder durch Überarbeitungen der Erlasse und Ergänzungen, sodass eine detaillierte Darstellung der Rechtsgrundlage für jedes Bundesland schnell veraltet wäre.

Deshalb wird Ihnen im Folgenden neben Informationen zum Beschluss der KMK (siehe nachfolgenden Infokasten) Werkzeug an die Hand gegeben, mit dessen Hilfe Sie zügig die wichtigsten Fragen für Ihre konkrete Situation vor Ort selbst stellen können (s. Fragenkatalog, S. 38). Darüber hinaus kann Ihnen der Leitfaden zum Vorgehen bei Schülern mit LRS/Legasthenie bzw. Rechenschwierigkeiten/Dyskalkulie (siehe auch **KV 32–33**, Materialsammlung S. 101/102 und auf der CD) dazu dienen, die wichtigsten Erkenntnisse und Vereinbarungen zum Thema für Ihre Schule festzuhalten.

Zum Phänomen Rechenschwierigkeiten/Dyskalkulie gibt es bislang weniger rechtliche Aussagen als zu LRS/Legasthenie, sodass es vorkommen kann, dass im Ländererlass Rechenschschwierigkeiten/Dyskalkulie nicht explizit erwähnt werden.

Aussagen zur **Leistungsbewertung und Diagnostik** aus dem **Beschluss der KMK**: Zwar ist der Beschluss in den einzelnen Ländern nicht direkt rechtsgültig, doch gerade, wenn der jeweilige Landeserlass viele Fragen offenlässt, nutzen Schulämter oder andere übergeordnete Stellen den Beschluss als Orientierung, um konkretere Hinweise für den Umgang mit betroffenen Schülern geben zu können. Zudem ist der Beschluss auch aktueller (letzte Überarbeitung 2007) als viele Ländererlasse und wird darum von übergeordneter Stelle gern verwendet, um auf regionaler Ebene Ergänzungen zum jeweiligen Erlass vorzunehmen.

„Grundsätze zur Förderung von Schülerinnen und Schülern mit besonderen Schwierigkeiten im Lesen und Rechtschreiben oder im Rechnen" (Beschluss der Kultusministerkonferenz vom 04.12.2003 i.d. F. vom 15.11. 2007) [10]

- **LRS/Legasthenie**
  - Die Diagnose und die darauf aufbauende Beratung und Förderung gehört zu den Aufgaben der Schule.
  - Förderdiagnostische Beobachtungen sollen in Förder-/Lernplänen festgehalten werden.
  - Maßnahmen zur Differenzierung und individuellen Förderung:
    - → an allgemeinbildenden Schulen bis zum Ende der Jahrgangsstufe 10 (*Anm. der Verfasserin: Der Beschluss ist also für* alle *Schulformen bis zum Ende der 10. Klasse gültig – egal, ob es sich um eine Förderschule, eine Grundschule, eine Haupt-, Real- oder Gesamtschule, ein Gymnasium oder eine Berufsschule handelt.)*
    - → an berufsbildenden Schulen auch darüber hinaus möglich, wenn die Schwierigkeiten noch nicht behoben sind

10 Den kompletten Beschluss finden sie unter folgendem Link: www.kmk.org/dokumentation/veroeffentlichungen-beschluesse/bildung-schule/allgemeine-bildung.html#c7524

- Nachteilsausgleich und Abweichen von den allgemeinen Grundsätzen der Leistungsbewertung sollen vor allem beim Erlernen des Lesens und Rechtschreibens angewendet werden und mit andauernder Förderung in den höheren Klassen wieder abgebaut werden. *(Anm. der Verfasserin: Sind aber bei noch bestehenden Schwierigkeiten auch in höheren Klassen (s. o.) möglich!)*

- Nachteilsausgleich soll vorrangig vor den Abweichungen gewährt werden. *(Anm. der Verfasserin: Weil es „nur" die Arbeitsbedingungen der Schüler verändert und die anschließende Bewertung der Ergebnisse „normal" vorgenommen werden kann.)*

- **Nachteilsausgleich:**
  - → Ausweitung der Arbeitszeit, z. B. bei Klassenarbeiten
  - → Bereitstellen von technischen und didaktischen Hilfsmitteln (z. B. Audiohilfen und Computer)
  - → Nutzung methodisch-didaktischer Hilfen (Lesepfeil, größere Schrift, optisch klar strukturierte Tafelbilder und Arbeitsblätter)

- **Abweichung von den allgemeinen Grundsätzen der Leistungsbewertung:**
  Es kommen in Betracht:
  - → die sog. *pädagogische Bewertung*: Einordnen der schriftlichen und mündlichen Leistung unter dem Aspekt des erreichten individuellen Lernstands mit pädagogischer Würdigung von Anstrengung und Lernfortschritten vor allem in der Grundschule,
  - → die stärkere Gewichtung mündlicher Leistungen, insbesondere in Deutsch und in den Fremdsprachen,
  - → der Verzicht auf eine Bewertung der Lese- und Rechtschreibleistungen nicht nur im Fach Deutsch, sondern auch in anderen Fächern und Lernbereichen,
  - → Nutzung des pädagogischen Ermessensspielraums und zeitweise Verzicht auf die Bewertung von Klassenarbeiten während der Förderphase.

  Abweichungen müssen ihre Grundlage in den Förder-/Lernplänen haben und dokumentiert sein.

- **Zeugnisse:**
  - → In besonders begründeten Ausnahmefällen v. a. (*Anm.: aber nicht nur*) in der Grundschule kann:
    - die Zeugnisnote für Lesen und Rechtschreiben ausgesetzt werden
    - oder als pädagogische Note (zur Motivation usw.) von den allg. Grundsätzen der Leistungsbewertung abweichend gestaltet werden.

    Abweichungen sind auf dem Zeugnis zu vermerken.
  - → Bei Entscheidungen über Versetzungen und Übergänge zu weiterführenden Schulen ist vorrangig die Gesamtleistung der Schüler zu berücksichtigen.

- **Abschlüsse/Prüfungssituationen:**
  - → Nachteilsausgleich ist möglich, wenn durch die LRS/Legasthenie nur der Nachweis durchaus vorhandener Fähig- und Fertigkeiten erschwert wird. Es soll kein Vermerk zum gewährten Nachteilsausgleich auf dem Abschlusszeugnis erscheinen.
  - → Abweichungen sind nicht vorgesehen. Falls ein Bundesland durch den Landeserlass Abweichungen in Abschlussprüfungen ermöglicht, sind dieselben auf dem Abschlusszeugnis zu vermerken.

- **Rechenschwierigkeiten / Dyskalkulie**
  - Rechenschwierigen/Dyskalkulie können laut Beschluss nicht in gleicher Weise schulisch berücksichtigt werden wie LRS/Legasthenie, weil:
    1. Ursachen, Entstehung und Ausprägung nicht hinreichend erforscht sind und
    2. die Auswirkungen auf die schulische Laufbahn stärker sind. (Lese- und Rechtschreibmängel können oft durch mündliche Kommunikation kompensiert werden; Schwierigkeiten bei grundlegenden Rechenoperationen dagegen sind nur sehr schwer zu kompensieren.)
  - Ein Verzicht auf die Bewertung der Rechenleistungen im Fach Mathematik und in naturwissenschaftlichen Fächern ist nicht möglich.
  - Das Vorgehen einzelner Bundesländer, die in der Primarstufe besondere Hilfsmittel, andere Aufgabenstellungen und pädagogische Bewertungskriterien nutzen, wird allerdings dadurch nicht in Frage gestellt.

Fragenkatalog

Folgende Fragen sollten Sie an den Erlass Ihres Bundeslandes und die Verantwortlichen in Ihrem Schulbezirk/in der Bezirksregierung bzw. an Ihre Schule stellen. Zuvor lohnt es sich, bei Ihrem Schulamt nachzufragen, ob das Schulamt selbst noch Ergänzungen zu den rechtlichen Schriftstücken herausgegeben hat.

- **Wer ist laut Erlass für die Diagnose zuständig und zur Diagnose berechtigt** (wer muss und wer darf)?

  Möglichkeiten: jeder Deutsch- bzw. Mathelehrer, speziell fortgebildete Deutsch- bzw. Mathelehrer, Deutschlehrer in Kombination mit anderen Stellen, Förderschullehrer, der schulpsychologische Dienst, Kinder- und Jugendpsychiater, sozialpädiatrische Zentren u. v. m.

  - Wenn innerhalb der Schule diagnostiziert werden darf und/oder muss: Welches Diagnoseverfahren nutzen wir?
  - Wenn außerhalb der Schule diagnostiziert werden darf und/oder muss: Welche Gutachten/welche Bescheinigungen werden benötigt, damit LRS/Rechenschwierigkeiten an unserer Schule anerkannt werden. (Möglichkeiten: ärztliches Attest – Pädaudiologe, Kinder- und Jugendpsychiater, Schulpsychologe, Sozialpädiatrisches Zentrum; Ergebnis von standardisierten Lese- und Rechtschreibtests bzw. standardisierten Verfahren zum Erheben mathematischer Basiskompetenzen usw.)

Es gibt durchaus seriöse außerschulische Förderinstitute, die neben der Förderung auch Diagnosen durchführen. Doch es ist immer unkomplizierter, eine Diagnose anzuerkennen, die von einer Einrichtung durchgeführt wurde, welche nicht an der Förderung des Kindes verdienen kann.

- Ist jemand als Schüler mit LRS/Legasthenie oder mit Rechenschwierigkeiten/Dyskalkulie anerkannt, **welche „Ausnahmen" darf ich dann im Unterrichtsalltag, bei Tests/Arbeiten und Klausuren machen** und **bis wann** darf ich solche Ausnahmen machen?

  - Welche Formen des **Nachteilsausgleichs** können/müssen wir geltend machen?
    Möglichkeiten: mehr Zeit zum Lesen und zur Eigenkorrektur geben, Hilfsmittel wie Anlauttabelle, Lesepfeil, größere Schrift, vorstrukturierte Sätze, Rechtschreibkorrekturprogramm am Computer, Rechenstäbchen, Wendeplättchen, Rechenschiffchen o. Ä. nutzen, Vorlesen von Aufgabenstellungen u. v. m.
  - Welche Möglichkeiten/Verpflichtungen zur **Abweichung** von den Grundsätzen der Leistungsbewertung haben wir?
    Möglichkeiten: Darf/Muss man die Rechtschreibnote/Lesenote/Mathematiknote auf dem Zeugnis aussetzen? Wenn nicht, darf/muss man dann die Rechtschreibnote/Lesenote weniger gewichten als die anderen Teilnoten, um eine Gesamtnote Deutsch zu bilden? Darf/Muss man die Rechtschreibung bei Aufsätzen oder Tests, Klassenarbeiten, Hausaufgaben anderer Fächer mitbewerten? Darf ich einem Schüler zur Rechtschreibüberprüfung/als Mathetest andere Aufgaben stellen als den Mitschülern?
  - (Bis) Wann darf ich Nachteilsausgleich und Abweichungen geltend machen?
    Möglichkeiten: Grundschulzeit, Sekundarstufe I, Sekundarstufe II (z. T. gesonderte Regelungen für berufsbildende Schulen); in zentralen Abschlussprüfungen, bei Abiturprüfungen?

- Wenn ich einen Nachteilsausgleich gewähre oder Abweichungen mache, muss/darf ich dann einen **Vermerk dazu auf dem Zeugnis** machen?
  - auch auf einem Abschluss-, Übergangs- oder Bewerbungszeugnis?
  - nur für Abweichungen oder auch für einen Nachteilsausgleich?

- Welche Regelungen gibt es für die **Fremdsprachen**?
  Möglichkeiten: Vokabelkenntnisse dürfen mündlich erbracht werden, Rechtschreib- und/oder Leseleistungen sollen auch in der Fremdsprache nicht bewertet werden, Aufgabenstellungen können vorgelesen werden usw.

-

Nun gibt es einige wenige Bundesländer, in denen der Erlass genaue Vorgaben macht (z. B. in Bayern zu LRS/Legasthenie). Sind Sie dort Lehrer, werden Sie die Fragen schnell beantworten können und das Vorgehen verschiedener Kollegen innerhalb Ihrer Schule wird sich nicht sehr voneinander unterscheiden.

Doch da, wo die Erlasse vieles offenlassen, entstehen im Alltag meistens Probleme. So ist z. B. in den Bundesländern Hessen oder NRW, in welchen die Schule zur Diagnostik verpflichtet ist, nicht zentral geklärt, mit welchem Diagnosematerial gearbeitet werden soll. Zudem sind viele der Aussagen in den Ländererlassen *Kann*-Bestimmungen: Man darf als Lehrer z. B. Abweichungen vornehmen, muss es aber nicht. Das ist nicht nur für Sie und Ihre Kollegen verwirrend und Grund zu vielen zeitraubenden Diskussionen, sondern auch für die betroffenen Schüler und deren Eltern nur schwer einsehbar. Deshalb tun Sie sich selbst und allen, die mit dem Thema zu tun haben, einen großen Gefallen, wenn Sie an den Stellen, an denen die rechtliche Grundlage Lücken lässt, gemeinsam innerhalb des Kollegiums Vereinbarungen treffen. Man befreit sich damit nicht nur davon, bei jeder Zeugniskonferenz wieder über das Thema zu diskutieren, sondern kann als Schule/Kollegium den Eltern und Schülern gegenüber einheitlich auftreten. Muss z. B. innerhalb der Schule diagnostiziert werden, ist ein Diagnoseergebnis, das ein Recht auf Abweichungen nach sich zieht, Eltern gegenüber nur schwer vertretbar, wenn Lehrerin X in Klasse 3a das eine Verfahren nutzt und Lehrer Y in Klasse 3b ein anderes.

Um die wichtigsten Aspekte kurz und übersichtlich festzuhalten, kann man zum Beispiel einen **Leitfaden** erstellen (vgl. **KV 32/33** als Blankoformular sowie **KV 34** als Beispiel in ausgefüllter Form, s. u. sowie Materialsammlung S. 101–103 und auf der CD). Ein solcher Leitfaden kann darüber hinaus auch neuen Lehrern helfen, sich schnell in die Gepflogenheiten der Schule einzugewöhnen, und in angepasster, öffentlichkeitstauglicher Form als Teil des Schulprogramms Eltern als Informationsquelle dienen.

KV 34 Materialsammlung

Leitfaden der *Brüder-Grimm*-Schule zum Vorgehen bei Schülern mit LRS/ Legasthenie (Bsp. aus NRW)

Stand: 26.10.2009

Es diagnostiziert:	1. die Deutschlehrerin, der Deutschlehrer	
	2. ergänzend: schulpsychologischer Dienst	
Mit folgendem Diagnoseinstrument/nach folgender Diagnostik:	zu 1. HSP + qualitative Förderdiagnostik	
	(zu 2. Intelligenztest und Lese-Rechtschreibtests nach ICD 10)	
Auf jeden Fall anerkannt werden Gutachten von folgenden (weiteren) Stellen:	Pädaudiologen, spezialisierten Augenärzten (u. a. Orthoptisten)	
	Praxis Dr. Müller	
	gutschrift-Institut	
Für im obigen Sinne anerkannte Schüler mit LRS/Legasthenie gibt es an unserer Schule folgende Förderangebote:	Binnendifferenzierung innerhalb des Wochenplans und während Arbeitsphasen (andere Aufgaben und Übungen)	
	spezielle Fördermaterialien (s. u.)	
	Zusatzförderkurs (immer, wenn Lehrerstunden vorhanden)	
Eltern betroffener Kinder sind über Folgendes zu informieren:	Leistungsstand des Kindes, Fördermaßnahmen, Nachteilsausgleich und Abweichungen (falls nötig), wie und was kann zu Hause sinnvoll geübt werden	
Mit Eltern werden folgende Vereinbarungen getroffen:	Teilnahme an Zusatzfördermaßnahme (wenn sie angeboten werden kann) verpflichtend; Ausnahme: das Kind hat schon ein gutes, zeitintensives außerschulisches Förderangebot	
Für im obigen Sinne anerkannte Schüler mit LRS/Legasthenie gibt es an unserer Schule folgende vorgeschriebenen und möglichen Regelungen zu Nachteilsausgleich und Abweichung:	**Muss**-Bestimmungen:	**Kann**-Bestimmungen:
	A. Rechtschreibnote muss aufs Zeugnis, aber (s. rechts):	A. Rechtschreibnote kann für die Gesamtnote Deutsch weniger gewichtet werden (1:3:3; Rechtschreibung:Lesen: Sprachgebrauch)
	B. Lesenote auf dem Zeugnis darf nicht nach pädagogischen Gesichtspunkten erteilt werden	C. Nachteilsausgleich: - mehr Zeit geben - größere Schrift - vorstrukturierte Texte und Aufgabenstellungen
		D. Abweichung: - andere Aufgaben (dem Lernstand angemessen) stellen und diese dann bewerten - Rechtschreibung wird in Aufsätzen gar nicht gewertet
		F. Bemerkung kommt bei Abweichung aufs Zeugnis, bei Nachteilsausgleich nicht
Hilfreiche Fördermaterialien können u. a. folgende sein: Standort der Materialien: Lehrerzimmer: blauer Material-Schrank, 2. Fach von oben	**Hören, Lauschen, Lernen** von Küspert und Schneider und **Münsteraner Training** von Mannhaupt (phonol. Bewusstheit)	
	Rechtschreibkartei von Beate Lessmann	
	Rechtschreibschwäche muss nicht sein (4 Hefter) von Borghild Rehak; Duden Paetek	
	Lauttreue Leseübungen von Findeisen u. a.	
	Computerprogramm **Segmenti**	

103

7. EFFIZIENT ODER ZU AUFWENDIG? – SCHÜLER KORRIGIEREN SICH SELBST UND ANDERE

(*Cathrin Rattay*)

Effizienter korrigieren! heißt das vorliegende Buch. Und dann kommt ein Kapitel über die Selbsteinschätzung und Eigenkorrektur durch Schüler, über gegenseitiges Schülerfeedback und womöglich auch noch über Feedback für Lehrer! Wie soll das effizient sein? *Meine eigene Korrekturarbeit frisst schon viel zu viel Zeit und dann soll ich auch noch den Schülern das Korrigieren beibringen?*

Wenn Sie beim Lesen des Kapiteltitels solche oder ähnliche Gedanken hegen, ist das gut nachvollziehbar. Denn: Mit Schülern **Eigenkorrektur** und **Selbsteinschätzung** einzuüben oder gegenseitiges Korrigieren und sinnvolles wechselseitiges Feedback zu erproben, ist kurzfristig betrachtet zunächst einmal aufwendig, kostet Geduld, gute Vorbereitung und Zeit. Sich selbst richtig einzuschätzen, Fremd- und Eigenurteile miteinander zu vergleichen, müssen Schüler **schrittweise einüben** und immer wieder **reflektieren**. Für gegenseitiges Korrigieren und eine positive Feedbackkultur müssen innerhalb einer Klasse eine **vertrauensvolle Beziehungsstruktur** und Sozial- und Kommunikationskompetenz entwickelt werden. Und all das zu erarbeiten, soll effizient sein?

Die Antwort lautet trotz des geschilderten Aufwandes eindeutig: Ja! Hält man sich den oben (s. Kap. 1) vorgestellten Effizienzbegriff vor Augen, kann effizient korrigieren zweierlei bedeuten:

1. **den eigenen Korrekturaufwand verringern und**
2. **den Nutzen von Korrekturen steigern.**

Beides ist durch die Beteiligung der Schüler an Korrektur- und Feedbackprozessen möglich. Zwar können Schüler nicht die aufwendige Korrektur von Klassenarbeiten übernehmen, doch können schon Grundschüler in vielen Phasen des Unterrichts eigene Übungsaufgaben oder die des Nachbarn (z. T. mittels Korrekturvorlagen/Kontrollblättern) kontrollieren, Mitschülern Hinweise zur Korrektur oder Feedback bei mündlichen Vorträgen geben. In einer kurzen Einübungsphase wird der Aufwand für den Lehrer zwar zunächst höher sein als bei alleiniger Korrektur, da die Korrekturen der Schüler noch einmal genau betrachtet werden müssen und man mit allen oder einzelnen Schülern über das Vorgehen und Schwierigkeiten bei der Korrektur sprechen muss (Metakommunikation). Sind die Grundprozesse aber initiiert, kann die Eigenkorrektur sowie die gegenseitige Schülerkorrektur in bestimmten Lernbereichen eine große **Entlastung** sein, die einem gerade auch in offenen Unterrichtsphasen Zeit für andere wichtige Tätigkeiten lässt.

Doch diese Zeitersparnis ist nur der kleine positive Nebeneffekt, den die Schülerbeteiligung an Korrektur- und Feedbackprozessen liefert. In viel stärkerem Maße steigert sie den **Nutzen von Korrekturen**. Denn das Einüben von Selbsteinschätzung, das Erlernen von Korrekturtechniken sowie das Erarbeiten der Fähigkeit, anderen ein einfühlsames und brauchbares Feedback geben und ein solches annehmen zu können, tragen dazu bei, eigene Stärken auszubauen und Fehler nicht als Makel, sondern als Möglichkeit zur Verbesserung zu betrachten. Korrekturhinweise von Lehrern und Mitschülern werden dann nicht sofort als Angriff auf die Persönlichkeit, sondern zumindest teilweise als Anregung empfunden, sich zu ändern. Darüber hinaus verschafft das gezielte Erproben von Selbst- und gegenseitiger Einschätzung Einblicke in die Vorgänge, Notwendigkeiten und Schwierigkeiten, die es beim Korrigieren zu bewältigen gilt (**Transparenz**), und hilft so dabei, mit Korrekturen und Feedback besser umzugehen oder überhaupt etwas damit anfangen zu können. Aktive Schüler, die sich Gedanken über ihre eigenen Fähigkeiten machen und das Gefühl haben, auch selbst etwas an sich und in ihrer Umgebung beeinflussen zu können, sind nicht nur eher geneigt, **Verantwortung** für Lernprozesse zu **übernehmen** und auch einmal eigene **Fehler einzusehen**, sondern zeigen zudem eine viel höhere **Lernmotivation** (vgl. Kap. 7.1).

Um diese Möglichkeiten der Schülerbeteiligung und ihr enormes Potenzial für die individuelle Entwicklung und die Lernatmosphäre innerhalb der Klasse voll ausschöpfen zu können, ist es sinnvoll, zunächst einmal – gerade beim *Einüben* der Kompetenzen – Selbsteinschätzung und gegenseitige Korrektur von der Notengebung abzukoppeln (vgl. Kap. 7.2–7.5). Wenn die Note als Damoklesschwert über einem schwebt, fällt es schwer, Probleme als wertvolle Möglichkeit zur Weiterentwicklung zu betrachten. Da Benotung aber im bestehenden System verankert ist, kann es Sinn machen, auch die Notengebung – selbstverständlich nur im erlaubten Umfang und bis zu einem gewissen Maße – von Schülern mitgestalten zu lassen (vgl. Kap. 7.6).

7.1 HIER UND DA EIN BISSCHEN LOB, DANN KLAPPT DAS SCHON? – LERN- UND MOTIVATIONSPSYCHOLOGIE

Es stimmt, dass Lob ein Schlüssel zur Lernmotivation sein kann. Als kleine Kinder lernen wir bereits, die Dinge gehäuft zu tun, für die wir gelobt werden. Und es macht auch im Kontext von Korrekturen Sinn, Lob einzuflechten. So sollte der Kommentar unter einer schriftlichen Arbeit oder die **Rückmeldung** zu einem mündlichen Vortrag fast **nie allein aus kritischen Anmerkungen** bestehen, sondern wenn irgend möglich auch positive Aspekte enthalten. Tipps wie *„Gibst du ein Feedback, beginne immer mit etwas Positivem, bevor du etwas zu Verbesserndes nennst!“* oder *„Verpacke deine Kritik in einen positiven Mantel!“* (Sandwich-Regel, s. Kap. 7.4) sollten nicht nur von Lehrern selbst beherzigt werden, sondern auch für gegenseitige Rückmeldungen unter Schülern Beachtung finden. Damit aber das Loben seine gewünschten Wirkungen erzielt (u. a. Belohnung für Lernanstrengung, Ermunterung zu weiterer Lernanstrengung, Vermittlung des Gefühls von Wertschätzung usw.), muss man sich einige Grundprinzipien der Lern- und Motivationspsychologie bewusst machen. Beachtet man dieselben, können **eigene Rückmeldungen mehr Wirkungskraft** entfalten und **Schülerrückmeldungen als wirkliche Hilfestellung** im Schulalltag dienen.

☐ LOB MUSS AUTHENTISCH SEIN UND ANSTRENGUNG VERSTÄRKEN

Schüler sind nicht blöd! Sie haben ein sehr feines Gespür dafür, ob ihnen ein Lehrer wohlgesonnen ist oder nicht und ob Lob und Anerkennung ehrlich gemeint oder reines Mittel zum Zweck sind. Wenn an einer Schülerleistung wirklich nichts Lobendes zu finden ist, dann sollte man auch keine Lobesworte an den Haaren herbeiziehen, sondern offen über die Schwierigkeiten sprechen. Denn es ist nachgewiesenermaßen nicht die Lehrerintention, die entscheidet, ob Rückmeldungen einen Lerneffekt erzielen. Vielmehr ist das entscheidend, was beim Schüler ankommt, die sog. **„innere“ Rückmeldung**[11].

„Er/Sie lobt mich jetzt schon für so ein schlechtes Ergebnis ... Man, muss ich grottenschlecht sein; das Fach kann ich abhaken.“

Eine ehrliche, aber persönlich wohlwollende Rückmeldung wäre an dieser Stelle angebrachter. Wichtig dabei ist, dass **die Sache** (*Lerninhalt XY hast du noch nicht verstanden.*) **kritisiert** wird und **nicht die Persönlichkeit** des Schülers und dass ein Ausblick auf **Verbesserungsmöglichkeiten** eröffnet wird.

Es ist verheerend, wenn Kritik im schulischen Kontext „persönlich“ wird und Kommentare wie *„Du bist dazu einfach zu blöd/schlecht!“* oder *„Vergiss es, du lernst es nie!“* entschlüpfen oder Randkommentare folgender Art in Arbeiten erscheinen *„Wo hast du denn den Schwachsinn her? Völliger Unsinn! Völlig falsch!“*. Noch schlimmer sind solche Kommentare, wenn sie an die Mitschüler gerichtet sind: *„Er hat es also mal wieder nicht geschafft, seine Hausaufgaben zu machen!“* Ein Verdrehen der Augen kann dasselbe sagen. Jeder Lehrer mit einer pädagogischen Verantwortung und auch nur minimalen Zuneigung zu seinen Schülern wird solche Kommentare vermeiden.

Doch auch Lob sollte nicht auf stabile Persönlichkeitsmerkmale, sondern auf die **Anstrengung** – einen veränderbaren, beeinflussbaren Faktor (s. nachfolgendes Kap.) – ausgerichtet sein. Untersuchungen zeigen – genauso wie die Alltagserfahrung intelligenter Menschen –, dass Kommentare folgender Art *„Tolle Leistung, du bist echt klug.“*, *„Super – halt ein Matheass!“*, *„Hab ich von dir nicht anders erwartet – bist eben fix!“* nicht zu Lernmotivation führen, sondern das Gefühl vermitteln, dass die erbrachte Leistung wenig mit eigener Anstrengung oder eigenem Bemühen zu tun hat und auch nicht besonders gewürdigt wird. Wird die Klugheit oder Begabung eines Menschen gelobt (wie in den obigen Beispielen), dann sieht der Betroffene das gute Ergebnis nicht als seine Leistung an, für die er sich anstrengen/Mühe geben musste, sondern als selbstverständliches und

11 Detailliertere Beschreibung in: Winter, Felix, *Leistungsbewertung. Eine neue Lernkultur braucht einen anderen Umgang mit Schülerleistungen.* Baltmannsweiler 2004.

erwartbares Resultat. Er wird sich nicht anstrengen, weiterhin gute Leistungen zu vollbringen, nicht zum Weiterlernen motiviert sein, da ja auch bisher scheinbar keinerlei Anstrengung, sondern allein die Begabung nötig war.

Sie kennen aus Ihrem Unterrichtsalltag vermutlich die Schüler, denen aufgrund nicht geringer Intelligenz bis zu einem gewissen Zeitpunkt innerhalb der Schullaufbahn alles zufällt, bei denen Anstrengung nur selten notwendig war und auch nicht verstärkt wurde, die dann aber an den für sie sehr problematischen Punkt gelangen, an dem ohne Übung und Anstrengung keine guten Ergebnisse mehr erzielt werden können.

Leistungsschwache wie leistungsstarke Schüler brauchen, um zum Weiterlernen motiviert zu werden, nicht nur Aufgaben, die jeden auf seinem Niveau fordern, sondern auch **Rückmeldungen, die** ihre **Anstrengungsbereitschaft und** ihr **Bemühen würdigen.** Das ist eine wichtige Erkenntnis psychologischer Forschung, welche auch viel mit der Frage zu tun hat, wie sich Schüler schulischen Erfolg und lobende Rückmeldungen erklären (s. nachfolgendes Kap.).

WIE ERKLÄREN SICH MENSCHEN LOB UND ERFOLG? ODER: WARUM TRANSPARENZ UND SCHÜLERAKTIVITÄT BEI DER KORREKTUR SO EFFEKTIV SIND!

Schlechte Noten oder gute Ergebnisse können Schüler sich auf unterschiedliche Weise erklären. Kommentare, Randnotizen und Feedback durch Lehrer oder Mitschüler können diese Erklärungsansätze beeinflussen. Zum Beispiel kann sich Leon das Zustandekommen der Fünf in der letzten Mathearbeit auf unterschiedliche Weise erklären: *„Ich hab zu wenig getan!“* oder *„Ich bin doof, ich kann einfach kein Mathe!“* oder *„Die blöde XY hat voll unfaire Aufgaben genommen!“*. Auch Lisa könnte für das Zustandekommen ihrer Eins im Geschichtstest verschiedene Erklärungen finden: *„Da hat sich das Pauken ja endlich mal gelohnt!“* oder *„Zahlen und Fakten liegen mir halt!“* oder *„Glück gehabt!“*.

Klar freut sich erst einmal jeder über eine gute Note/ein Lob oder ist traurig und enttäuscht bei einer schlechten Note bzw. kritischen Kommentierungen. Doch diese Gemütszustände allein haben nur wenig Einfluss auf die weitere Lernmotivation. Lernmotivation resultiert am ehesten aus bestimmten Attributionsmustern (zur Attribution vgl. nachfolgenden Infokasten).

Mit seiner **Attributionstheorie** erklärt Heider[12], wie Menschen **Erfolg** und **Misserfolg kognitiv verarbeiten**, und unterscheidet zunächst zwei grundlegende Aspekte: das **Wollen** (Anstrengungsbereitschaft) und das **Können** (Fähigkeiten, Kenntnisse). Attribution meint in diesem Zusammenhang die **Zuschreibung von Ursachen**: X begründet seinen Misserfolg z. B. in mangelnder Fähigkeit (Können), Y in zu geringer Anstrengung (Wollen). *Nicht abhängig von Erfolg oder Misserfolg, sondern abhängig von der Attribution ergibt sich, ob jemand weiter zum Lernen motiviert wird oder nicht.* Weiner[13] erweitert Heiders Ansatz zu einem dreidimensionalen Attributionsschema (s. **Abb. 9**). Die Ansätze Heiders und Weiners wurden in unterschiedliche Richtungen weiterentwickelt und ergänzt, behalten aber bis heute in Grundzügen ihre Gültigkeit und sind als solche auch für schulische Zusammenhänge rund um die Leistungsmotivation besonders interessant.

Lokalitätsdimension (Wo verorte ich die Ursache meines Erfolgs/Misserfolgs?)	**Dimension der Stabilität** (Liegt die Ursache meines Erfolgs/Misserfolgs in veränderbaren oder unveränderbaren Faktoren?)	**Dimension der Kontrollierbarkeit** (Konnte ich Einfluss auf das Zustandekommen des Ergebnisses nehmen?)
internal (in mir selbst, ich bin verantwortlich)	**stabil**/unveränderbar (z. B. Begabung, Fähigkeit)	**beeinflussbar**
external (in äußeren Umständen; andere Personen, Glück, Zufall sind verantwortlich)	**variabel**/veränderbar (z. B. Anstrengung, Bemühen)	**nicht beeinflussbar**

Abb. 9 Dimensionen der Attribution [nach Weiner], ergänzte Beispiele auf die Schule bezogen

12 Heider, Fritz, *Psychologie der interpersonalen Beziehungen.* Stuttgart 1977.

13 Weiner, Bernhard, *An attributional theory of motivation and emotion.* New York 1986.

Glaube ich nämlich, dass ich für das Zustandekommen von Erfolg *(Misserfolg)* selbst verantwortlich bin, weil ich mich bemüht habe *(es unterlassen habe)*, und sehe ich mich [auch weiterhin] in der Lage, meine Leistungen zu beeinflussen, so wird Lob für gute Leistungen mich genauso zum Weiterlernen anspornen wie kritische Kommentare bei schlechter Leistung. Ich übernehme nämlich die Verantwortung für die Leistungsergebnisse und glaube, dieselben weiterhin beeinflussen zu können. Nehme ich dagegen an, dass ich Erfolg *(Misserfolg)* hatte, weil andere Personen oder das Glück mir *(nicht)* hold waren, meine Begabung *(Nichtbegabung)* mir die Kompetenz verleiht *(versagt)*, und glaube ich, dass die Lernsituation von mir nicht zu beeinflussen ist, wird meine Lernmotivation weder bei Erfolg noch bei Misserfolg gesteigert. Man hat das Gefühl, nicht verantwortlich zu sein, da man eh nichts beeinflussen kann. Dieser Zusammenhang von Attributionsmuster und daraus resultierender Lernmotivation kann an konkreten Beispielen verdeutlicht werden (vgl. **Abb. 10**).

Beispielhafte Schüleraussagen	**Lokalität**		**Stabilität**		**Kontrollierbarkeit**		**Lernmotivation**	
	intern	extern	stabil	variabel	beeinflussbar	nicht beeinflussbar	sehr wahrscheinlich zu steigern*	nur schwer zu steigern
Ich hab zu wenig getan!	×			×	×		×	
Ich bin doof, ich kann einfach kein Mathe!	×		×			×		×
Die blöde XY hat voll unfaire Aufgaben genommen!		×		×		×		×
Da hat sich das Pauken ja endlich mal gelohnt!	×			×	×		×	
Zahlen und Fakten liegen mir halt!	×		×			×		×
Glück gehabt!		×		×		×		×
Beispielhafte Lehrerkommentare								
Super, deine Anstrengung hat sich gelohnt!	×			×	×		×	
Tolle Leistung, du bist ein echtes Matheass!	×		×			(×)		(×)
Schade, du hättest mehr erreichen können; Beim nächsten Mal aber!	×			×	×		×	
Das war wohl nicht dein Tag!		×		×		×		×

* Die höchste Wahrscheinlichkeit, zum Weiterlernen motiviert zu werden, ergibt sich meistens aus der Kombination von: intern (ich bin verantwortlich), variabel (nicht Begabung, sondern Lernen/Anstrengung haben dazu geführt), beeinflussbar.

Abb. 10 Zusammenhang von Attributionsmuster und Lernmotivation

Vielleicht fragen Sie sich jetzt, was das denn nun alles mit der Effizienz von Korrektur zu tun hat.

Zunächst einmal können mündliche genau wie schriftliche **Lehrerkommentare das Attributionsmuster beeinflussen**. Ein gut gemeintes *„Du hast dich bemüht, aber leider ist es nur eine Fünf."* würdigt zwar die Anstrengung, lässt dem Schüler jedoch wenig Hoffnung. Denn wenn ich trotz Bemühen die Situation nicht zum Positiven beeinflussen konnte, hat das Bemühen beim nächsten Mal nicht mehr viel Anreiz. Es lohnt sich, als Lehrer einmal eine Zeit lang oder immer einmal stichprobenartig seine Kommentare unter Arbeiten (oder auch die Kommentare, die man üblicherweise mündlich gibt) im Hinblick auf die Förderlichkeit von Lernmotivation zu hinterfragen (vgl.

KV 35 Überprüfung von Attributionsmustern und deren Auswirkungen auf die Lernmotivation, Materialsammlung S. 104 und auf der CD). Um aus der Zwickmühle des oben genannten Beispiels zu kommen (Bemühen und trotzdem keinen Erfolg), könnte man z. B. konkretisieren, wodurch der Misserfolg zustande gekommen ist („*Du hast das Falsche gelernt, xy nicht verstanden, …“),* und verdeutlichen, wie es beim nächsten Versuch besser zu machen wäre. So sieht der Schüler, dass es Möglichkeiten gibt, die Situation zu beeinflussen, und so kann er den Misserfolg nicht auf z. B. mangelnde Begabung schieben.

Darüber hinaus helfen Selbstreflexion (vgl. Kap. 7.3) und das Einschätzen und Kommentieren von Mitschülerergebnissen (vgl. Kap. 7.4), eigene und fremde **Attributionsmuster kennenzulernen**, zu erforschen und ggf. zu verändern. **Selbstreflexion** und **gegenseitiges Schülerfeedback** werden sinnvollerweise immer reflektierend eingeführt. Es entsteht viel **Metakommunikation** darüber, wie man sich und andere realistisch einschätzen kann, wie man einfühlsam mit Kritik umgeht usw. Nicht selten enthalten Selbsteinschätzungsbögen eine Frage der folgenden Art: Woran hat es gelegen, dass du in der Arbeit/dem Fach gut *(nicht gut)* zurechtgekommen bist? Zudem werden beim Initiieren von Schülerselbst- und -fremdeinschätzung die Kriterien, nach denen man eine solche Einschätzung vornehmen kann, offengelegt oder mit den Schülern selbst entwickelt. Soll es beispielsweise ein gegenseitiges Feedback zu Referaten geben, entwickeln viele Lehrer zusammen mit der Klasse die Kriterien, nach denen eine Einschätzung vorgenommen werden soll (z. B. Foliengestaltung, laut und deutlich gesprochen usw.). Dadurch werden den Schülern, die sich von den anderen einschätzen lassen müssen, die Erwartungen verdeutlicht (Transparenz). Gleiches gilt selbstverständlich für die Kommentierung und Bewertung durch Lehrer. Je klarer ist, was von mir erwartet wird, umso konkreter kann ich Kritik zuordnen und umso eher sehe ich mich in der Lage, an mir zu arbeiten. **Transparenz** schafft auf diese Weise das wichtige Gefühl der Beeinflussbarkeit: Ich verstehe, worum es geht, und kann etwas daran tun.

☐ *MEINSTE ECHT?* FEEDBACK AUS DER PEERGROUP IST HÄUFIG INTERESSANTER UND EFFEKTIVER ALS DAS VON ERWACHSENEN

Seien es Lehrer oder Eltern – schon mancher hat sich gefragt, warum viele Kinder und Jugendliche stundenlang mit Freunden komplizierte Playmobil- oder Bügelperlenbildkonstruktionen entwerfen, über anspruchsvollen Betriebsanleitungen für Modelleisenbahnen brüten oder zum 700. Mal den neuen Skateboard-Trick üben, ohne auch nur im Geringsten die Motivation daran zu verlieren, es aber nur selten schaffen, länger als fünf Minuten mit ihren Englischvokabeln zu verbringen. Skateboard und Bügelperlen sind Spielzeuge, soviel ist klar, doch das allein macht die Motivation nicht aus; denn stellt Johanna das Skateboard in die Ecke, verstaubt es auch bei Lars und Meike sehr schnell. Die Peergroup bestimmt, was *in* ist. Lob und Bestätigung wird vor allem bei Gleichaltrigen gesucht. Auch Kritik nehmen Schüler aus der Peergroup viel eher an als von Erwachsenen. Denken sie nur daran, wie viel es dem Sprössling ausmacht, wenn die eigenen Eltern seine Frisur nicht schön finden – gar nichts! Vielleicht wird es sogar als Vorzug empfunden, die Eltern mit unangepasstem Haarschnitt ärgern zu können. Sagt aber der Freund/die Freundin etwas, ist der Friseurtermin bereits gebucht. Man kann die Gruppenprozesse innerhalb von Peergroups nicht 1:1 auf Schulsituationen übertragen, doch sollte man sich die Chance, welche von der **Wirkungskraft der Feedbacks Gleichaltriger** ausgeht, nicht völlig entgehen lassen. In schulischen Situationen kann das Feedback Gleichaltriger **Lehrerlob verstärken** und **Kritik für Schüler annehmbar machen**. Selbstverständlich muss konstruktives, einfühlsames Kritisieren und ehrliches Loben mit den Schülern eingeübt werden, doch gerade diese intensive Beschäftigung mit der Rückmeldung an andere kann ggf. sogar über die Schule hinauswirken, indem sie Schülern bewusst macht, wie bestätigend, aber auch wie verletzend Rückmeldungen sein können, besonders wenn sie nicht die Sache, sondern die Persönlichkeit betreffen. Es spricht also alles dafür, Schüler in Korrektur- und Feedbackprozesse einzubinden, und das umso mehr, weil Jugend- und Sozialforscher vermehrt beobachten, dass der Einfluss von Eltern und Lehrern auf Kinder und Jugendliche immer stärker durch den der Peergroup überlagert wird. Das gilt inzwischen sogar schon für jüngste Jugendliche (10–14-Jährige). Zwar nicht für jeden individuellen Teenager, so aber doch gesamtgesellschaftlich gesehen verliert das Elternhaus, das selbst oft nicht mehr über einen längeren Zeitraum stabil und konstant ist, zugunsten der Peergroup an Einfluss. Die Fähigkeit, konstruktiv Kritik geben zu können, kritische Anmerkungen annehmen zu können und auch zu loben, wo es sinnvoll und möglich ist, ist deshalb nicht nur für das Schulleben eine besonders wichtige Kompetenz, sondern wird auch im gesellschaftlichen Miteinander der Schüler immer bedeutender. Ein lohnendes Arbeitsfeld (vgl. auch Kap. 7.4)!

7.2 ZEITVERSCHWENDUNG? – SELBST-/ EIGENKORREKTUR BEI KLASSENARBEITEN

Ihr habt noch 5 Minuten! Schaut die Arbeit noch einmal durch! Welcher Lehrer hat diese oder ähnliche Worte nicht schon einmal gesagt? Und, was passiert daraufhin? Fast egal, ob in der zweiten Klasse oder in der Oberstufe: Es gibt Schüler, die die Zeit insgesamt aus den Augen verloren haben und nun hektisch noch versuchen, dem Ganzen ein (sinnvolles?) Ende zu setzen. Andere sind schon längst fertig und haben den obligatorischen Blick über das Geschriebene vielleicht bereits getan. Das Heft/der Zettel/der Klausurbogen liegt zusammengeklappt vor ihnen und wird keines Blickes mehr gewürdigt. Einige kontrollieren nun wirklich das von ihnen Verfasste. Meistens wird alles von vorn nach hinten noch einmal überflogen. Mit wie viel Erfolg? Fragen Sie sich doch bitte mal, wie vielen Ihrer Schüler es gelingt, durch die Eigenkorrektur noch deutliche Verbesserungen ihrer Ergebnisse vorzunehmen. Geht es Ihnen wie den meisten Lehrern? Sie können solche Schüler in jedem Fall an einer Hand abzählen und die fünf Finger sind meistens noch zu viele? Oft sind es gerade die in einem Fach oder generell besonders leistungsstarken Schüler, die auch bei der Eigenkorrektur noch Fehler finden und ihr ohnehin recht gutes Ergebnis weiter verbessern. Woran liegt das? Warum können nicht alle stärker von der Eigenkorrektur profitieren?

Es stimmt zwar, dass man einen Teil seiner eigenen Fehler nicht oder nur schlecht findet, weil man ja weiß, was man schreiben wollte, doch das geht jedem so, auch den Leistungsstarken, und ist nicht der Grund. Vielmehr ist die Korrektur eines Aufsatzes, einer Mathearbeit oder eines Erdkundetestes eine sehr komplexe Angelegenheit, was Sie als ständig Korrigierende am besten wissen. Gerade in sprachlichen Fächern werden Sie auch schon bei Schriftstücken einiger Grundschüler Ihren Korrekturprozess untergliedern. Beispielsweise korrigieren Sie bei einem mit Rechtschreib- und Satzbaufehlern überhäuften Aufsatz im ersten Durchgang nur die Rechtschreibung und Auffälligkeiten im Satzbau. Erst im zweiten Durchgang befassen Sie sich mit bestimmten inhaltlichen Aspekten oder hinterfragen, ob alle formalen Kriterien erfüllt wurden. Was für Sie als sprachlich und fachlich Kompetente bereits komplex ist, stellt sich für die meisten Schüler als *zu* komplex dar, wenn es nicht reduziert und systematisiert wird. Sich selbst zu korrigieren, kann man nicht plötzlich, weil man begonnen hat, Klassenarbeiten zu schreiben, sondern muss es – wie das meiste andere auch – lernen. Und der einfachste Ratschlag, den man den Schülern dabei geben kann, umfasst zwei Begriffe: **Vorbereitung** und **Reduktion**.

1. **Vorbereitung:** Sich in der Stresssituation Klassenarbeit, wenn noch fünf Minuten Zeit verbleiben, die Frage zu stellen: *„Was mache ich noch im Satzbau in Englisch immer falsch?"* oder *„Welche Wörter schreibe ich noch gleich immer wieder falsch?"* bringt erfahrungsgemäß nur wenig. Wenn man frühzeitig mit den Schülern erprobt, wie **Fehleranalysen** (s. u. Exkurs) aus geschriebenen Klassenarbeiten oder Übungsaufsätzen erstellt werden, und ihnen immer wieder Hilfestellung dabei gibt, können sie lernen, diese Kompetenz zu nutzen. Sie notieren sich dann die zwei bis drei häufigsten Fehlertypen auf ihrem **Korrekturzettel** für die Klassenarbeit (vgl. **Abb. 11** und **Abb. 12** sowie **KV 36** und **KV 37**, Materialsammlung S. 105/106 und auf der CD).

2. **Reduktion:** Die größten Probleme bei der Eigenkorrektur durch Schüler sind – wie beschrieben – die Komplexität des Gegenstandes und das fehlende System. Das Gehirn ist viel weniger erfolgreich, wenn es in einem großen Wort- oder Zahlensalat nach irgendwelchen Fehlern suchen soll, als wenn es **eine**, **zwei**, allerhöchstens **drei klare Anweisungen** hat. Wie viele Fehler könnte mancher Schüler aus seinem schriftlichen Erzeugnis fischen, wenn er sich nur bei jedem *„das"* fragte, ob es mit einem oder mit zwei s geschrieben werden muss. Wie viele Punkte Abzug würde mancher umgehen, wenn er nur darauf achtete, dass die Zahlen oder Wörter leserlich geschrieben sind?

   Mehr als höchstens drei Anweisungen, welche sich die Schüler für ihre Korrektur bereits *vor* Verfassen der Klassenarbeit selbst geben, sollten es nicht sein. Die geringe Zeit lässt selten mehr zu, und bei zu vielen Anweisungen ist der Mensch wieder geneigt, doch alles auf einmal nachsehen zu wollen und nicht – wie es viel effektiver ist – **immer nur einen einzelnen Aspekt**. Selbstverständlich können die ein bis drei Anweisungen nach und nach komplexer werden. Während auf dem Korrekturzettel des pfiffigen Zweitklässlers vielleicht an erster Stelle steht *„Punkt am Satzende gesetzt?“* (oder nur ein gemalter Punkt zur Visualisierung dieses Inhalts zu sehen ist), könnte bei einem Oberstufenschüler an erster Stelle stehen *„Rechtschreibung“*. Wichtig ist nur, dass die Schüler lernen, sich bewältigbare, kleine Aufgaben zu stellen, die auf etwas verweisen, das sie ansonsten häufig falsch gemacht haben.

Korrekturzettel für Arbeit Nr. 2

im Fach Deutsch **zum Thema** Inhaltsangabe

In folgender Reihenfolge werde ich korrigieren:

1. Steht alles in der Gegenwart?
2. Jedes „das“ kontrollieren (**dieses, jenes, welches** oder **dass**?)
3.

Auszuwerten nach Rückgabe der Arbeit:

Haben mir die Korrekturen etwas gebracht?

1. ja
2. ja
3. Ich hätte lieber hinterher alles nochmal ganz durchlesen sollen, weil ich noch Zeit hatte.

Durch die Korrektur welches anderen Fehlers hätte ich mehr Fehler vermeiden können?

– war o. k. so

Abb. 11 Beispiel eines Korrekturzettels für die Sek I (Ausschnitt zum Bereich *Rechtschreibung*)

Darauf sehe ich den nächsten Aufsatz noch einmal durch:

1. Punkt nach jedem Satz? •
2. ORDENTLICH geschrieben?

Abb. 12 Beispiel eines Korrekturzettels für die Grundschule

Gute Erfahrungen wurden mit folgendem Prozedere zum **Einüben der Eigenkorrektur** bei Klassen- oder Übungsarbeiten gemacht:

1. Die Schüler erstellen (unter Anleitung) **Fehleranalysen** (s. u. Exkurs mit Beispiel) auf der Basis bisheriger Klassenarbeiten.

2. Die zunächst nur zwei häufigsten Fehlertypen werden herausgesucht und **auf dem Korrekturzettel notiert**. Wichtig ist, dass die Formulierung konkret ist und als Arbeitsanweisung taugt (je konkreter, desto besser in der Einübungsphase: z. B. sollte man zunächst nicht nur *„he, she, it, das s muss mit"* schreiben, sondern *„Hab ich bei jedem Verb in der Gegenwart an das s nach he, she, it gedacht?"*).

3. Die **Eigenkorrekturphase** ist (zunächst) **verpflichtender Bestandteil** der Klassenarbeit. Der Lehrer gibt an, wann die letzten 10 Minuten der Arbeitsphase beginnen, die ausschließlich für Korrekturvorgänge genutzt werden dürfen. Das kann beim Einüben der Eigenkorrektur z. B. durch einen Stiftwechsel (grüner Stift statt Füller o. Ä.) unterstützt und visualisiert werden. Das Klassenarbeitsvolumen sollte dabei so gewählt sein, dass die Aufgaben in der Zeit vor der Korrektur auch zu bewältigen sind. Man kann in dieser Einübungsphase lieber eine Aufgabe weniger stellen und dafür eine Technik sinnvoll einüben, welche die Schüler – einmal als sinnvoll begriffen – immer weiter verfeinern und für die gesamte Schullaufbahn und darüber hinaus nutzen können. Auf Dauer und besonders in den höheren Klassen macht es keinen Sinn, die Schüler in den letzten zehn Minuten einer Arbeitsphase zur Eigenkorrektur zu *zwingen*, denn jeder entwickelt ein eigenes Tempo und lernt einzuschätzen, ob es für ihn persönlich mehr Sinn macht, noch zwei Aufgaben zu rechnen/ein paar Sätze hinzuschreiben oder lieber auf Fehlersuche zu gehen. Zum Einüben hat sich eine solche *Zwangsphase* aber als besonders wertvoll erwiesen, da durch sie wirklich Zeit für die Korrektur gegeben wird und eine Wertschätzung der Korrektur erfolgt.

4. Reflexion: Besonders interessant wird die Reflexionsphase dann, wenn die Korrekturzeit nicht mehr verpflichtend ist, sondern der Lehrer nur noch sagt, wann zehn Minuten Zeit verbleiben. Es ist sinnvoll, den Schülern dann Kriterien zum Hinterfragen ihres Korrekturvorgehens an die Hand zu geben. Unter anderem könnten folgende Fragen unterstützend wirken: *Hat mir der Korrekturzettel geholfen? Konnte ich mit den Anweisungen etwas anfangen? Sollten dort andere (weniger, mehr, konkretere) Anweisungen stehen? Reicht mir die Zeit zur Korrektur? Konnte ich viele Fehler finden? Welche Fehler wiegen für die Benotung besonders schwer? Kann ich solche finden und verbessern?*
Es macht zudem Sinn, die Korrekturzettel und die Reflexionen z. B. in einem Portfolio oder an anderer Stelle zu sammeln.

In den sprachlichen Fächern ist dieses Vorgehen sehr erfolgreich, für das Fach Mathematik und die nichtsprachlichen Anteile bei naturwissenschaftlichen Arbeiten müssen eigene Korrekturformen gefunden werden. So kann auch hier nach typischen Fehlern gesucht werden, Schüler können noch einmal kontrollieren, ob sie eine Aufgabe falsch abgeschrieben oder + und – vertauscht haben. Das macht ganz zum Schluss der Arbeit jedoch selten noch viel Sinn, denn nur in den unteren Klassen bei weniger komplexen Aufgaben wird noch genug Zeit sein, Aufgaben neu zu rechnen. Mit den Schülern zusammen kann überlegt werden (Metakommunikation), ob es nicht sinnvoll ist, direkt nach dem Übertragen die jeweilige Aufgabe noch einmal zu kontrollieren, und wie vorzugehen ist, wenn man *doch* erst bei der Endkorrektur bemerkt, dass die Aufgabe falsch abgeschrieben wurde. Beispielsweise könnten Lehrer und Schüler vereinbaren, dass man diese Entdeckung an die Aufgabe schreibt, dieselbe aber nicht streicht, sondern in der verbleibenden Zeit die richtige Aufgabe zu rechnen versucht. Gelingt dies nicht mehr, gibt es ggf. wenigstens Teilpunkte für den richtigen Rechenweg bei der falsch abgeschriebenen Aufgabe. Dieses Beispiel verdeutlicht noch einmal, dass Schüler durch solch metakommunikativen Prozesse und Absprachen mehr Sicherheit im Umgang mit eigenen Korrekturen bekommen können, auch wenn die Korrektursituation selbst ggf. schwierig ist.

☐ *EXKURS:* FEHLERANALYSEN MIT SCHÜLERN

Keine schlechte Idee – dann können die Schüler ja demnächst meine Arbeit übernehmen!
So ist es dann doch nicht, denn selbstverständlich korrigieren die Schüler ihre Arbeiten nicht selbst, sondern setzen sich nur gezielt mit *Ihrer* Korrektur auseinander und versuchen, daraus Hilfestellungen für ihr zukünftiges Arbeiten zu entnehmen (zur Fehleranalyse durch Lehrer s. Kap. 6.2). Sie müssen also leider weiterhin selbst die Korrektur vornehmen, wenn Sie Fehleranalysen mit Schülern durchführen, und **es steigt** sogar der **Anspruch an Ihre Lehrerkorrektur**, denn die Schüler sollen nicht nur lesen können, was sie kommentiert haben, sondern auch noch analysieren. *Wozu also der Aufwand?*

Zunächst einmal ist festzustellen, dass sich *Ihr* Korrekturaufwand viel eher lohnt, wenn die Schüler mehr davon beachten als die Note, die unter der Arbeit steht. Wenn nämlich **Schüler**

***Ihre* Korrektur nutzen** könnten, um häufig gemachte Fehler zu erkennen, und (z. B. mithilfe einer Notiz auf dem Korrekturzettel für die folgende Arbeit) in Zukunft auch nur einige davon vermeiden oder selbst korrigieren lernten, so wäre schon viel gewonnen. Die leider üblichere Situation sieht folgendermaßen aus: *Die Arbeiten werden zurückgegeben, die Note wird begutachtet, Schüler ärgern oder freuen sich über das Ergebnis, (ältere Schüler) schauen, ob die Punkte auch richtig ausgerechnet sind und begeben sich nach Aufforderung an eine meist sehr unreflektierte Berichtigung.*

Wird es dagegen für Schüler selbstverständlich, sich Fehler genauer anzusehen und damit weiterzuarbeiten, so werden nicht nur Ihre Mühen belohnt, sondern die Schüler entwickeln zusätzlich einen lernpsychologisch sehr **wertvollen Umgang mit Fehlern**. Lernen Schüler, sich in angstfreier Umgebung mit eigenen Fehlern auseinanderzusetzen, wird der Umgang mit ihren Fehlern und denen anderer selbstverständlich und es entsteht eine Lernatmosphäre, in der Fehler nicht nur erlaubt sind, sondern auch immer mehr als ein notwendiges und deshalb nicht zu belachendes oder verachtendes *Übel* beim Lernen betrachtet werden.

Woher soll ich die Zeit nehmen, jetzt auch noch Fehleranalysen mit Schülern durchzuführen? Wenn sie es nicht bereits so handhaben, denken Sie einmal über die Möglichkeit nach, ***Fehleranalyse* statt *unreflektierter Berichtigung*** (z. B. falsche Wörter 3 × schreiben) einzuführen. Es ist viel mehr dabei gewonnen, wenn jemand auch nur einige wenige Fehler sinnvoll reflektierend zuordnet (z. B. *sakt* statt *sagt* / *frakt* statt *fragt* / *lükt* statt *lügt* als einen Fehlertyp erkennt; vgl. auch **Abb. 13**) und vielleicht *einen* davon in der nächsten Korrektur berücksichtigt, als wenn er viel bei einer Berichtigung schreibt, die Auseinandersetzung mit den Details und das Verständnis aber fehlen.

Was ist mit den ***leistungsschwachen Schülern****? Die können so etwas doch gar nicht!* Es ist sehr wichtig, leistungsschwächere Schüler bei der Fehleranalyse nicht zu überfordern. Für sie müssen **zusätzliche Hinweise** und **reduzierte Aufgabenstellungen** gegeben werden. So kann man z. B. zwei bis drei gezielte Fehlerhäufungen abfragen („*Suche nach Fehlern mit* das*!*" „*Erkennst du, was du falsch gemacht hast?*" bzw. „*Was hast du nach* he, she, it *immer vergessen?*") oder im Text markieren, welche Fehler zu analysieren sind. Es ist z. B. für Legastheniker, um nur eine Gruppe in bestimmten Bereichen leistungsschwächerer Schüler herauszunehmen, viel schwieriger, Fehleranalysen vorzunehmen, als für ihre Mitschüler, und es kann für Betroffene – auch noch in der Oberstufe – sehr sinnvoll sein, auch Eigenkorrekturhinweise stark zu begrenzen (Beispiel: Auf drei ganz spezielle Phänomene müssen die Schüler bei ihrer Korrektur während der Klausur achten; diese allein werden für die Rechtschreibung bewertet). Doch genau die leistungsschwächeren Schüler sind es, die am meisten davon profitieren, wenn Lehrer sich Zeit nehmen, reflektierend mit Schülern über Fehler zu sprechen. Bei den Leistungsstärkeren verflüchtigen sich z. B. die Rechtschreibfehler mit der Zeit größtenteils *von allein*. Die Leistungsschwächeren dagegen haben einen solchen Fehlerwust vor sich, dass sich *von allein* fast nie etwas tut, sondern sie nach und nach einige Fehlerbereiche bewältigen können, wenn sie erkennen, was sie dabei falsch gemacht haben, und konkrete Anweisungen für ihre Eigenkorrektur bekommen und entwickeln.

> Arbeiten / Übungsaufsätze, die einer Fehleranalyse durch Schüler unterzogen werden, sollte man am besten vorher kopieren, damit die Schüler fröhlich darin herummarkieren und kommentieren können oder Sie Leistungsschwächeren bereits Markierungen und Hinweise darauf notieren können.

Es bietet sich im Fach Deutsch an, Fehleranalysen mit der Auflistung der häufigsten *Rechtschreibfehler* zu beginnen, da dieselben meistens am einfachsten zugänglich und verstehbar sind. In Fremdsprachen dagegen macht es Sinn, einfache Grammatik- oder auch häufige Satzbaufehler neben Rechtschreibfehlern direkt mit zu berücksichtigen. Fehleranalysen können bereits mit Drittklässlern, die man langsam heranführt, sinnvoll durchgeführt werden. Leerdokumente als Vorlagen für Fehleranalysen finden Sie unter den Kopiervorlagen **KV 38** (Sek.I), **KV 39** (Grundschule) und **KV 40** (Fremdsprachen) in der Materialsammlung S. 107 – 109 und auf der CD.

Und übrigens: Nicht nur bei Klassenarbeiten können Schüler durch eigene Korrekturen profitieren. Schriftlich zu erstellende Halbjahres-, Projekt- oder Gruppenarbeit und vieles mehr können einer sinnvollen Eigenkorrektur durch Schüler unterzogen werden.

Fehleranalyse

zu Arbeit/Aufsatz ______________________________ vom __________

____

Trage in die erste Zeile der Tabelle deine Rechtschreibfehler ein und notiere in die zweite Zeile einen Strich für den Fehler. Immer, wenn du den gleichen Fehler gemacht hast oder die gleiche Regel verletzt hast, mache in die zweite Zeile an der passenden Stelle nur noch einen Strich (siehe Beispiele).

Markiere mit Fragezeichen, was dir bei der Einordnung Schwierigkeiten bereitet.

Rechtschreibfehler	dass nur mit einem s geschrieben	ka**h**m	Komma fehlt ???	...	...
Anzahl	IIIIIII	III	IIIII	...	...

Anmerkungen (Lehrer/Mitschüler):

– Das Komma fehlt ganz oft vor Nebensätzen, die mit **weil** beginnen.

– ____

...

Abb. 13 Ausschnitt aus einer Fehleranalyse durch Schüler (Sek. I)

7.3 KLARES SPIEGELBILD ODER VERZERRTES ABBILD? – SELBSTEINSCHÄTZUNG/EIGENREFLEXION

Im Kapitel zur Lern- und Motivationspsychologie (Kap. 7.1) wurden bereits mehrere Gründe genannt, die dafür sprechen, Schülerselbsteinschätzung im Schulalltag zu fördern (u. a. Kennenlernen eigener Attributionsmuster, Verstehen von Einschätzungskriterien, Transparenz, Verantwortungsübernahme für den Lernprozess usw.). Ein besonders gewichtiger Grund soll an dieser Stelle noch ergänzt werden: **Schüler schätzen sich sowieso selbst ein!** Wird Selbsteinschätzung aber nicht zum Thema gemacht, werden den Schülern keine Hilfestellungen (Kriterien, Übungsmöglichkeiten o. Ä.) an die Hand gegeben – fehlt also die Metakommunikation über die Schwierigkeiten und Probleme bei der Selbsteinschätzung –, so bleibt ihnen häufig unklar, nach welchen Kriterien sie von anderen beurteilt werden, und sie können oft nicht nachvollziehen, warum Mitschüler oder Lehrer ein so anderes Bild von ihnen haben als sie selbst. Lernen Schüler nicht, **Selbst- und Fremdeinschätzung gezielt abzugleichen**, lernen sie nicht, sich selbst, die anderen, die Kriterien oder den Prozess zu hinterfragen, dann fühlen sie sich häufig ungerecht behandelt oder entwickeln extreme Vorstellungen: Sie übernehmen einfach das zum Teil ungünstige Bild anderer von ihnen selbst oder schotten sich innerlich gegen jede Kritik ab und wissen gar nicht, was andere ständig an ihnen zu mäkeln haben. Solche Tendenzen sind bei unterschiedlichen Schülern zu beobachten, häufig aber bei den ohnehin als *schwierig* bezeichneten Schülern. Solchen legt man innerhalb des Schulsystems auch meistens als Erstes nahe, sich doch einmal selbst einzuschätzen oder das eigene Verhalten zu beurteilen. Leider liegt der Schwerpunkt dabei aber häufig auf den negativen Verhaltensweisen. So ist es an vielen Schulen nicht unüblich, Schüler, die sich beispielsweise in der Pause geprügelt haben, zu einer schriftlichen Reflexion ihres Verhaltens aufzufordern. Das kann – in rechter Weise begleitet – recht erfolgreich sein, doch sollte man darauf achten, Selbstreflexion nicht primär als Strafe zu nutzen. Schülern sollte zumindest ebenso häufig die Möglichkeit gegeben werden, **Selbstreflexion als konstruktive Hilfestellung** im eigenen Arbeits- und Lernprozess zu erleben.

Als Basis für Selbsteinschätzungs- und Reflexionsprozesse und die ihnen folgenden Gespräche zwischen Schülern und Lehrern (bzw. Mitschülern) dienen häufig sog. Selbsteinschätzungsbögen, auf welchen der Schüler entweder ankreuzend oder frei schreibend seine ganz persönliche Einschätzung zum gefragten Themenbereich vornimmt. Beispiele für Selbsteinschätzungsbögen gibt es inzwischen unzählige. In vielen neueren Lehr- und/oder Lernmaterialien finden sie Vorlagen solcher Bögen. Gerade Arbeitsmaterialien zum Thema Portfolio[14] enthalten viele Vorschläge, wie man die Selbsteinschätzung von Schülern anregen und einfordern kann, doch auch Lehrerhandbücher zu Themen wie AD(H)S[15] oder Leistungsbewertung[16] stellen solche Bögen vor und liefern z. T. interessante Beispiele. Viele Schulen stellen eigene Selbsteinschätzungsbögen zum Download auf ihre Homepages[17].

Es ist erfreulich, dass die Selbsteinschätzung von Schülern nicht nur in die didaktische Diskussion, sondern auch in die pädagogische Praxis Eingang gefunden hat. Aus diesem Grund sollen hier nicht einfach noch ein paar weitere Bögen vorgestellt werden. Das würde Ihnen vielleicht zufällig ein schönes, für Ihre Zwecke brauchbares Beispiel liefern, doch die Überlegungen zum Thema Selbsteinschätzung nicht weiter vertiefen.

Deshalb werden im Folgenden andere Fragen geklärt, die Ihnen Ideen und Anregungen für den eigenen Einsatz von begleiteten Selbsteinschätzungprozessen liefern können. So stellt sich nicht nur die Frage, **wann** und **in welchen schulischen Situationen** Selbsteinschätzung sinnvoll erprobt und eingesetzt werden kann, sondern auch, welche **Ziele** dabei üblicherweise verfolgt werden und welche **Themen** häufig als Anlass dienen. Will man Schülern einen vielfältigen Zugang zur Selbstreflexion bieten, der genauso das **Nachdenken über eigene Fehler** wie das **Erkennen erfolgreicher Lernstrategien** und deren Nutzbarmachung für die Zukunft umfasst, kann es helfen, sich mit der Vielfalt der Möglichkeiten zu Selbstreflexionsprozessen innerhalb der Schule zu befassen (**Abb. 14** bietet eine Übersicht über viele solcher Möglichkeiten). Selbstverständlich finden auch außerhalb dieser vom Lehrer initiierten Selbstreflexion Nachdenken und Reflexion auf Schülerseite statt und idealerweise werden sich eingeübte Prozesse, wie beispielsweise die Reflexion nach Klassenarbeiten, sogar verselbständigen. An dieser Stelle werden demgegenüber Anlässe dargestellt, die eine geplante Einführung oder den gezielten Einsatz begleiteter Selbsteinschätzungsprozesse besonders gut ermöglichen.

14 Bsp. Grundschule: Bartnitzki, Jens u. a., *Mein Lernordner. Portfolio für die Grundschule. Lernmaterialien und Handreichungen.* Beides: Braunschweig 2006.
Bsp. Sekundarstufe: Wiedenhorn, Thomas, *Das Portfolio-Konzept in der Sekundarstufe: Individualisiertes Lernen organisieren. Klasse 5–13.* Mülheim an der Ruhr 2006.

15 Imhof, Margarete; Skrodzki, Klaus; Urzinger, Marianne S., *Aufmerksamkeitsgestörte, hyperaktive Kinder und Jugendliche im Unterricht.* Donauwörth 2007.

16 Paradies, Liane; Wester, Franz; Greving, Johannes, *Leistungsmessung und Bewertung.* Berlin 2005.

17 Ein ausführliches Beispiel bietet die Homepage der Grundschule Harmonie unter URL: http://www.grundschule-harmonie.de/.

Wann / In welchen Situationen wird Selbsteinschätzung vom Schüler eingefordert / ein **Selbsteinschätzungsbogen** üblicherweise eingesetzt?	Beispiele für **Themen**	**Ziele**, die mit der Selbsteinschätzung / Eigenreflexion erreicht werden sollen	**Gestaltungsmerkmale** des Bogens / Besonderheiten (Beispielkategorien)
Zu **Beginn** neuer **Arbeitsphasen:** ▷ bei Schulwechseln ▷ zu Schuljahresbeginn ▷ Beginn der Oberstufe ▷ Beginn neuer Unterrichtseinheit	▷ bisheriger Lernweg, Erreichtes ▷ Beibehalten und Verändern ▷ Ziele	▷ eigene Stärken einschätzen und nutzen können ▷ aus Fehlern lernen ▷ Planungen und Konzepte für eigenständiges Lernen entwerfen	Mischung aus Antwortrastern und **offenen Fragen,** wie z. B. folgenden: ▷ Was hat dir beim Lernen bisher geholfen? ▷ Was möchtest du übernehmen? ▷ Was möchtest du gern anders machen? ▷ Was wünscht du dir von Schule / Lehrern / …?
Während Arbeitsphasen / des Schuljahres ▷ Zwischenbilanz ziehen ▷ Arbeitsweisen hinterfragen ▷ Umgang mit besonderen Situationen	▷ Gruppen- und Teamarbeit ▷ Hausaufgaben ▷ Schultag- / Schulwochengestaltung ▷ Klasse überspringen	▷ die eigene Arbeit reflektieren und während des Arbeitsprozesses immer wieder verbessern ▷ eigenes Arbeiten auf Effizienz und Sinnhaftigkeit hinterfragen ▷ Eigenreflexion verinnerlichen ▷ z. T. auch bereits konstruktive Vorschläge für künftiges Verhalten machen	Verschiedenste Formen möglich (*offen* genauso wie vorgegebene Antwortraster): ▷ Ich habe zum Erfolg unserer Gruppe beigetragen (1, 2, 3 oder 4 Punkte). ▷ Ich konnte auch die Ideen der anderen gelten lassen (1, 2, 3 oder 4 Punkte). ▷ Ich konnte mir meine Hausaufgaben für die Woche gut einteilen (++,+,0,–,––). ▷ So merke ich mir Dinge am besten: … ▷ So kann ich mich gut konzentrieren: …

Wann / In welchen Situationen wird Selbsteinschätzung vom Schüler eingefordert / ein **Selbsteinschätzungsbogen** üblicherweise eingesetzt?	Beispiele für **Themen**	**Ziele**, die mit der Selbsteinschätzung / Eigenreflexion erreicht werden sollen	**Gestaltungsmerkmale** des Bogens / Besonderheiten (Beispielkategorien)
Nach Arbeitsphasen / zum **Abschluss** von Themenblöcken oder Arbeiten ▷ nach Unterrichtseinheiten ▷ nach Projekten ▷ nach Schuljahren ▷ nach dem Lernen neuer Strukturen und Methoden	▷ fachliche Inhalte (Mathe, Musik, Deutsch usw.) ▷ Klassenarbeiten ▷ Unterrichtseinheiten ▷ Projekte ▷ Schuljahre ▷ Wochenpläne	▷ den eigenen Lernstand einschätzen lernen ▷ Kompetenzen ermitteln ▷ Defizite erkennen und Handlungsanweisungen daraus ableiten ▷ eigenes Arbeiten strukturieren	Erfragt, ob konkrete fachliche oder methodische Inhalte beherrscht werden; erfragt Gründe für Erfolg und Misserfolg ▷ Ich kann die 7er-Reihe des kleinen 1×1 (in und auswendig, gut, noch nicht so gut, gar nicht). ▷ Ich beherrsche den Satz des Pythagoras und alle dazu geübten Aufgaben (...). ▷ Ich habe mir die Zeit in der Klassenarbeit sinnvoll eingeteilt (+, 0, –). ▷ Woran könnte es gelegen haben, dass du nicht gut auf die Arbeit vorbereitet warst? – Ich dachte, es kämen andere Aufgaben dran (+, 0, –). – Ich war einfach zu faul (+, 0, –). – Ich hatte einiges nicht verstanden, wusste aber nicht, wer es mir nochmal erklären könnte (+, 0, –).

Wann/In welchen Situationen wird Selbsteinschätzung vom Schüler eingefordert/ein **Selbsteinschätzungsbogen** üblicherweise eingesetzt?	Beispiele für **Themen**	**Ziele**, die mit der Selbsteinschätzung/Eigenreflexion erreicht werden sollen	**Gestaltungsmerkmale** des Bogens/Besonderheiten (Beispielkategorien)
Zum Zeitpunkt der **Notenfindung**:	▷ mündliche Mitarbeit ▷ Gruppen- und Teamarbeit ▷ Zeugnisnote	▷ möglichst gerechte Notengebung ▷ Selbsterkenntnis und Einsicht bei den Schülern ▷ Schüler als Korrektiv für den Lehrer (kommunikative Validierung)	**Kriterien** zur Bewertung von Leistung sollten bereits zu Beginn des zu bewertenden Zeitraums bekannt sein: z. B. ▷ Ich melde mich während der Stunde mindestens einmal (+, 0, –). ▷ Ich höre den anderen zu (+, 0, –). ▷ Ich stelle Fragen, wenn ich etwas nicht verstehe (+, 0, –). ▷ Ich habe alle Unterlagen, die ich zur Gruppenarbeit beitragen sollte, fertiggestellt (+, 0, –). ▷ Ich habe mich an den Diskussionen innerhalb der Gruppe beteiligt (+, 0, –).

Wann/In welchen Situationen wird Selbsteinschätzung vom Schüler eingefordert / ein **Selbsteinschätzungsbogen** üblicherweise eingesetzt?	Beispiele für **Themen**	**Ziele**, die mit der Selbsteinschätzung / Eigenreflexion erreicht werden sollen	**Gestaltungsmerkmale** des Bogens / Besonderheiten (Beispielkategorien)
Nach **auffälligem Verhalten** und zur **Steuerung von Verhalten**	▷ Verhalten in der Klasse/in der Pause ▷ Lern- und Arbeitsverhalten ▷ Verhalten Mitschülern gegenüber ▷ Eigene Kompetenzen und Ziele	Schüler lernen oder machen sich bewusst: ▷ Was ist fehlerhaftes und was angemessenes Verhalten? ▷ Selbsteinschätzung wird mit Fremdeinschätzung verglichen ▷ Wo liegen meine Stärken? ▷ Bei wem bekomme ich Hilfe? ▷ Schüler machen ggf. auch bereits konstruktive Vorschläge für künftiges Verhalten	**Reduktion** auf wenige, konkrete Aspekte; Vorstrukturierungen + Platz für eigene Lösungsvorschläge / Ideen; Schülereinschätzung direkt neben Lehrereinschätzung; Bogen dient als Basis für Gespräche; ▷ Was hättest du in dieser Situation anders machen können? ▷ Kannst du dir erklären, warum ich/deine Mitschüler mit deinem Verhalten nicht einverstanden bin/sind? ▷ Ich habe es heute geschafft, andere nicht zu beschimpfen. ☺ 😐 ☹ ▷ Ich habe gemerkt, wann ich eine Auszeit brauchte, und bin dann schnell hinausgegangen. ☺ 😐 ☹

Abb. 14 Unterschiedliche Möglichkeiten, Selbsteinschätzung und Eigenreflexion innerhalb der Schule gezielt einzusetzen

Was ist aber mit Schülern, die sich schwertun, die ihr soziales Verhalten völlig an der Realität vorbei einschätzen oder vom nächsten zu bewältigenden Arbeitsblatt überfordert sind? Dranbleiben, denn für diese Schüler lohnt es sich am allermeisten! Aber: Man sollte **reduzieren,** weiter untergliedern und weniger offene Fragen stellen, dafür mehr einfach zu beantwortende Kriterien nutzen und Schüler- und Lehrereinschätzung (ggf. Mitschüler) häufiger direkt nebeneinander vornehmen. Selbsteinschätzung muss zudem nicht in der üblichen schriftlichen Form erfolgen, wenn Schüler mit dem Lesen oder Schreiben bzw. der Konzentration starke Probleme haben.

Visualisieren statt verschriftlichen kann auch ein sehr geeigneter Weg sein, sich über eigene Fähigkeiten ein Bild zu machen (vgl. **Abb. 15** und **Abb. 16**; passende Blankovorlage siehe **KV 41**, Materialsammlung S. 110 und auf der CD). Selbstverständlich sind Gespräche ein wichtiger Bestandteil bei der Förderung von Eigenreflexion, doch die Erfahrung lehrt, dass es einfacher ist, anhand einiger Kreuzchen oder einer Kurve seine Gedanken zu erläutern, als ganz abstrakt ohne Papier, an dem man sich gedanklich und real festhalten kann. **Gut verstehbare Analogien** zu bilden, kann solchen Schülern ebenfalls helfen. Soll z. B. hinterfragt werden, was alles zum erfolgreichen Erledigen der Hausaufgaben notwendig ist, kann sich ein jüngerer Schüler mit einem Piloten vergleichen. Was muss ich tun, um das Flugzeug starten zu können?

1. Voller Tank (Energie für die Arbeit, Mittagessen, Motivation etc.)
2. Freie Startbahn (Arbeitsplatzgestaltung)
3. Alle Passagiere an Bord (Lernmaterial, Stifte, Zirkel etc. liegen bereit)
4. Flugroute ist bekannt (Welche Aufgabe muss ich machen? Wo hab ich das aufgeschrieben?)
5. …

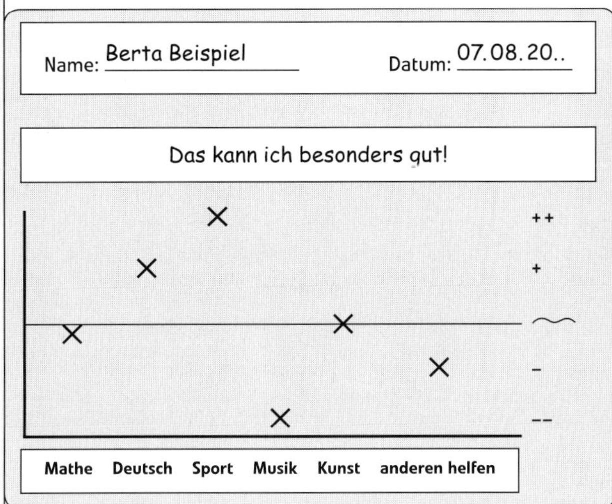

Abb. 15 Visualisierungsschema – Schulische Kompetenzen

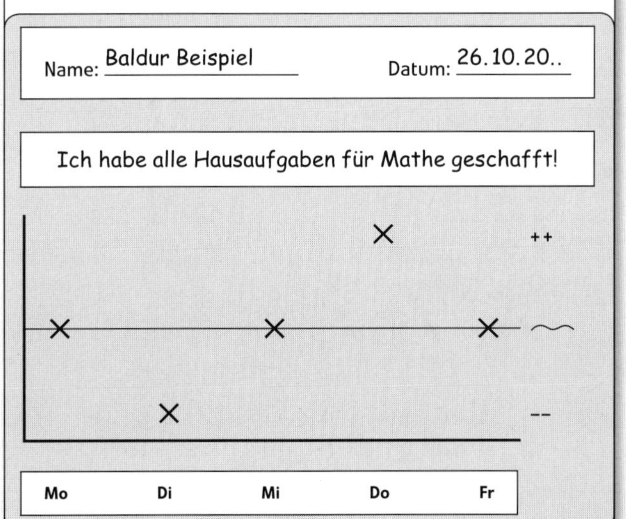

Abb. 16 Visualisierungsschema – Bewältigung der Mathematik-Hausaufgaben

7.4 WECHSELSEITIGES FEEDBACK / KORREKTUR DURCH MITSCHÜLER

Es gibt vielfältige Möglichkeiten im Schulalltag, bei denen Schüler einander Feedback geben und Ideen oder schriftliche Erzeugnisse von Mitschülern korrigieren können. Das beginnt mit der alltäglichen Unterrichtsdiskussion, bei der Mitschüler die Aussagen und Meinungen anderer wertschätzen und kritisieren lernen. Das geht weiter mit Referaten, die anhand zuvor festgelegter Kriterien von Mitschülern begutachtet und kommentiert werden, kann sich auf die gegenseitige Korrektur von Arbeitsblättern und Schriftzeugnissen erstrecken oder auch Hilfestellungen beim Durchführen von Fehleranalysen (s. Kap. 7.2) umfassen. Gerade mündliches Feedback durch Mitschüler gehört zum Schulalltag und findet in den meisten Klassenräumen statt. Es werden hier deshalb nur in aller Kürze grundlegende Anregungen zum Thema gegeben.

Wie wichtig für Schüler die Ansichten Gleichaltriger sind, wurde bereits beschrieben (vgl. Kap. 7.1 „Feedback aus der Peergroup"). Gerade deshalb ist die wichtigste Aufgabe für den Lehrer bei der Ein- und Durchführung gegenseitigen Feedbacks und gegenseitiger Korrektur durch Schüler, den **Schutz der Schüler** vor Verletzung zu gewährleisten. Hauptlernziel muss – erst mit großem Abstand gefolgt von anderen Aspekten – das Geben eines den Mitschüler **wertschätzenden Feedbacks** sein. Denn nicht nur das Lob aus der Peergroup hat viel mehr Durchschlagskraft als das des Lehrers, sondern auch und gerade die Kritik wird extrem feinfühlig wahrgenommen, wenn sie von Gleichaltrigen kommt, und kann somit, abhängig davon, wie sie formuliert und gemeint ist, entweder wirkliche Anregung zu Lern- und Persönlichkeitsentwicklungen sein oder aber sehr verletzen. Es macht deshalb durchaus Sinn, einfache, aber gerade für die Einführung gegenseitigen Feedbacks sehr effektive **Grundregeln konsequent einzufordern**. Diese Grundregeln sollten vorher mit allen Schülern besprochen, ggf. verändert und für die Lerngruppe als gültig befunden werden.

Dazu könnte beim **Feedback-Geben** gehören:

A. Die Sandwich-Regel

Ich darf nur ein Feedback geben, wenn ich erst etwas Positives sage, dann etwas kritisiere und mit etwas Positivem wieder schließe.
Kommentar: Grundschüler oder ältere Schüler mit Lernbehinderungen profitieren nicht nur in der Einführungsphase von einem solch starren Raster, an dem sie sich orientieren können.
An die Schulstufen angepasste Formulierungen und Visualisierungen der Regeln finden Sie in der **KV 42** (Grundschule) und **KV 43** (Sek. I), siehe Materialsammlung S. 111–112 und auf der CD.

B. Ich gebe mein Feedback in der **Ich-Form** und **begründe** es:

Es beginnt mit Sätzen wie:
„Ich finde (den Anfang deiner Erörterung/...) gelungen, weil ...“
„Ich glaube, das müsste man anders machen/ das geht so nicht, weil ...“

Mein Feedback enthält dagegen **keine** Sätze wie:
„Du hast (das/XY) falsch gemacht!“
„Deine Folien kann man echt abhaken – da erkennt man ja gar nichts!“

Kommentar: Für Sie als Lehrer gilt es abzuwägen, wann man sprachlich schwächeren Schülern – wenn deren Bemühung um das Einhalten der Regel erkennbar ist – auch abweichende Formulierungen gewährt, um sie selbst nicht zu überfordern. Andererseits helfen gerade ihnen vorgegebene Formulierungen.

C. Ich **kritisiere die Sache**, die ich nicht gelungen finde, und **nicht die Person**:

Ich versuche, **genau** zu sagen, **was mir an der Sache** (dem Referat / an der Formulierung / dem Bild / dem Musikvortrag) **(nicht) gefallen hat**.

Es geht **nicht** darum zu sagen, was mir an *Leon* oder *Lisa* (nicht) gefällt!

Beachte ich das, ist es für Leon/Lisa auch einfacher, meine Kritik anzunehmen.

Kommentar: Leitet man die Schüler an, immer konkreter zu sagen, welche Aspekte der Sache sie aus welchem Grund für nicht gelungen halten, geht die Konzentration immer mehr zur Sache hin und von der Person weg. Dass Menschen trotzdem dazu neigen, die Person und ihre Eigenschaften in den Vordergrund der Kritik zu stellen, sehen Sie – wenn es Ihnen wie den meisten Korrigierenden geht – am besten an sich selbst. Würden Sie nicht auch manchmal gern an den Rand schreiben *„Du fauler Hund!“*. Oder denken Sie beim Referat eines Überfliegers nicht ebenfalls *„Du kannst es einfach – lohnt sich gar nicht, weiter drüber zu reden!“*. Selbstverständlich werden Sie solche Kommentare aus lernpsychologischen Gründen (vgl. Kap. 7.1) nicht niederschreiben, doch die Beispiele zeigen noch einmal die menschliche Neigung, Ergebnisse – seien es gute oder schlechte – direkt der Persönlichkeit zuzuschreiben. Da das dem Kritisierten aber wenig bis gar nichts bringt oder bei Kritik von Mitschülern sehr verletzend sein kann, sollte man sich bemühen, immer wieder *die Kurve zur Sache zu kriegen* und seine Schüler konsequent darauf hinzuweisen.

D. Ich sage nicht nur, was mir nicht gefällt, sondern auch, **wie man es besser machen könnte** (konstruktive Kritik):

Wenn ich etwas nicht gelungen finde, gebe ich Tipps, wie man es besser machen könnte.

Meinem Mitschüler ist noch nicht geholfen, wenn er nur weiß, was nicht so gelungen ist. Es kann ihm aber sehr helfen, wenn ich ihm vorschlage, wie er es besser machen könnte.

Kommentar: Der Anspruch an die Schüler, konstruktiv kritisieren zu lernen, ist hoch, aber dennoch ein erstrebenswertes Ziel. Dem Lehrer kommt dabei die Rolle des Unterstützenden zu. Vergegenwärtigen Sie sich, wie schwer es selbst Ihnen manchmal fällt, sinnvolle, hilfreiche Verbesserungsvorschläge zu machen. *„Da hättest du mehr üben müssen!“* ist leicht gesagt. Was aber in welcher Weise genau mehr hätte geübt werden müssen und wie sich so etwas am besten übt, ist nicht immer so einfach formuliert. Es ist demnach keine Schande für einen Schüler, sich von Ihnen oder den anderen Mitschülern **Hilfe beim konstruktiven Feedback** zu holen.

E. Ich bin **ehrlich**, wenn ich ein Feedback gebe.

Ich kritisiere die Arbeiten meines besten Freundes / meiner besten Freundin genauso wie die aller anderen Schüler. Lob für gute Leistungen und viel Mühe bekommt auch der (die), den (die) ich nicht leiden kann.

F. Halte ich mich nicht an die Regeln, ist mein Feedback ungültig und Lehrer und Mitschüler dürfen mich unterbrechen.

Es macht durchaus Sinn, als Lehrer nicht nur selbst den „**Regelwächter**“ zu spielen, sondern damit auch hin und wieder zwei Schüler zu beauftragen. Diese beiden Schüler haben dann – günstigerweise den Zettel mit den innerhalb der Klasse vereinbarten Regeln vor sich liegend – die Aufgabe, ihre Mitschüler an die Regeleinhaltung zu erinnern und ihnen ggf. Hilfestellungen beim Einhalten der Regeln zu geben. Das befreit Sie als Lehrer zumindest vorübergehend davon, der Regeleinhaltung Ihre volle Aufmerksamkeit zu schenken, und hebt den Anspruch für die Regelwächter auf ein metakommunikatives Reflexionsniveau.

Auch das **Annehmen eines Feedbacks** will gelernt sein:

A. Ich **frage nach** und **höre zu.**

Ich höre dem anderen konzentriert zu und versuche, ihn zu verstehen. Verstehe ich etwas nicht, frage ich nach.

B. Ich **rechtfertige** mich nicht. **Wir sind nicht im Boxring!** Keiner ist gegen mich! Wir tauschen nur Meinungen aus.

Ich muss mich gegen Kritik nicht (direkt) verteidigen und sollte Rechtfertigungen vermeiden. Die anderen sagen ihre Meinung. Die kann stimmen und mir weiterhelfen oder auch nicht.

Kommentar: Oft ist es hilfreich, Kritik und Lob von mehreren erst einmal hinzunehmen und dann am Ende – falls man es möchte – auf Besonderes einzugehen.

C. Ich **wähle** Kritik **aus**, die mir weiterhilft und die ich annehmen will.

Wofür wurde ich gelobt? Was wurde kritisiert? Was davon ist für mich wichtig? Mit welchen Verbesserungsvorschlägen kann ich etwas anfangen? Was will ich für die nächste Präsentation besonders beachten?

Es hat sich als sinnvoll erwiesen, einige Aspekte zu beachten, die meistens dafür sorgen, dass das Heranführen an gegenseitiges Feedback Erfolg zeigt.

Genau wie beim Feedback durch Sie als Lehrer sollten beim Feedback durch Mitschüler beiden Seiten die **Kriterien**, nach denen entschieden wird, ob etwas gelungen oder weniger erfolgreich war, **offengelegt werden**. Das gilt für die Rückmeldung zu schriftlich fixierten Erzeugnissen genauso wie für Feedback zu Referaten oder anderen mündlichen Leistungen. Ist den Schülern klar, dass es z. B. bei einem Referat u. a. darauf ankommt, die OHP-Folien übersichtlich und verständlich zu gestalten oder laut und deutlich zu sprechen, können sie positiv rückmelden, wenn diese Dinge erfüllt wurden, oder aber genau die Sache kritisieren, die nicht so gut umgesetzt wurde. Je klarer die Kriterien zuvor besprochen wurden, umso einfacher ist es für die Schüler, einige der Grundregeln (u. a. Kritik der Sache, konstruktive Kritik) einzuhalten. Haben Schüler, die Feedback geben, und auch Schüler, die welches annehmen, z. B. einen Bogen mit Kriterien vor sich liegen, ist es für beide Seiten viel einfacher, über konkrete Verbesserungen zu reden. Derjenige, der Feedback bekommt, kann schnell und einfach Notizen zu einem Aspekt hinzufügen. Wird ein solcher Zettel dann noch an einer Stelle eingeklebt oder abgeheftet, die wiederfindbar ist (Portfolio oder Heft, in welchem auch die Fehleranalysen [vgl. Exkurs S. 47 f.] eingeordnet werden), kann der Betreffende vor dem nächsten Referat noch einmal nachsehen, worauf besonders zu achten ist. Dieses gezielte Vorgehen wird nicht immer in Reinform durchsetzbar sein. Gerade an weiterführenden Schulen wird beispielsweise ein Referat mal in Biologie, dann in Musik, danach vielleicht in Sport gehalten. Nicht immer überschneiden sich dabei die Kriterien. Trotzdem hat es sich als sehr lohnenswert für die Schüler erwiesen, solche Dokumente zu sammeln, um hinterher allein oder mit Unterstützung noch einmal darüber zu reflektieren.

Die meiste Beteiligung beim und stärkste Auseinandersetzung mit dem Geben und Annehmen von Feedback wird gewöhnlich dann erreicht, wenn man die **Kriterien** zuvor **mit den Schülern** zusammen **erarbeitet**. Das ist selbstverständlich bei der knapp bemessenen Zeit innerhalb der Schule nicht immer möglich, doch hin und wieder angewendet, kann es sehr fruchtbar sein.

Bei der Einführung wechselseitigen Feedbacks, bei welcher die Schüler häufig den Rollenwechsel besonders interessant und spannend finden, ist es bedeutend, dass nach und nach alle Schüler einmal in jede der beiden Rollen schlüpfen. Doch es schadet nicht, wenn man die ersten drei bis vier Schüler, die Feedback von den anderen bekommen sollen, überlegt auswählt. Denn es sollte sich bei ihnen um Schüler handeln, die so selbstbewusst sind, dass sie auch einmal ungeschickt formulierte Kritik der ungeübten Mitschüler wegstecken können. Gleichzeitig macht es aber auch Sinn, nicht die Klassenbesten zu nehmen, von denen man z. B. eine fast perfekte Referatspräsentation erwartet. Denn damit würde man die Latte für alle anderen in unerreichbare Höhen hängen.

Lernen Schüler in mündlichen Kommunikationssituationen, einander wertschätzend Rückmeldungen zu geben, können sie sich häufig auch erfolgreich mittels schriftlicher Korrekturen oder bei der Durchführung von Fehleranalysen hilfreich zur Seite stehen. Und Sie als Lehrer profitieren nicht zuletzt in hohem Maße von Schülern, die lernen, konstruktive Kritik anzunehmen, und die mit Korrekturen etwas anfangen können und wollen.

7.5 *DAS TUE ICH MIR NICHT AN?* – FEEDBACK FÜR LEHRER

Sie bekommen als Lehrer im Schulalltag immer wieder Rückmeldungen. Meistens unaufgefordert geben Schüler zum Besten, was sie von Ihnen, Ihrer Tagesform und Ihrem Unterricht halten: *„Mann, hatte die heut 'ne Laune!"*, *„Wie viele Vokabeln will der uns noch aufhalsen?"*, *„Die könnte auch mal zum Friseur gehen!"* oder *„Das war heut echt mal interessant!"*. Auch wenn vieles gar nicht für Ihre Ohren bestimmt ist, vernehmen Sie diese Stimmen sehr wohl. In der Grundschule hört sich das nicht immer, aber häufig noch anders an: *„Unsere Lehrerin ist voll cool!"*, *„Ich mag dich, Frau …"* (vielleicht wird obendrein noch gekuschelt) oder *„So viele Hausaufgaben? – Das Wetter ist doch so schön!"*.

Feedback bekommen Sie so oder so – direkt oder über Dritte, leider nur meistens nicht solches, mit dem sie viel anfangen können, und je älter die Schüler sind, desto weniger positive Rückmeldung kommt an. Das liegt nicht daran, dass die Schüler bösartiger würden, sondern ist leider in vielen Kommunikationssituationen auch zwischen Erwachsenen üblich. Wann haben Sie das letzte Mal nach einer Konferenz, die gut strukturiert und informativ war, lobende Worte für Ihre Schulleitung gefunden? Nun gut, vielleicht haben Sie mal lobend erwähnt, dass die Zeit nicht überschritten wurde, ggf. mit kleinem Verweis auf die vorangehende Konferenz, bei der die Zeit überschritten worden war. Aber inhaltlich positive Rückmeldung zu geben bei einer Konferenz oder einer Fortbildung, das ist doch eher die Ausnahme als die Regel. *Das sieht ja aus, als hätte ich es nötig, mich einzuschmeicheln.* Wenn es leider schon uns Erwachsenen so geht, dass wir **Positives gern so hinnehmen** und uns vor allem bei unschönen Dingen zu Wort melden, dann ist das bei (älteren) Schülern nicht anders. *Ich bin doch kein Schleimer!* Direktes positives Feedback wird es demnach, je älter die Schüler werden, umso seltener für Sie geben. Über den **Flurfunk** bekommen Sie zwar hier und da positive wie negative Rückmeldung, doch was Sie dort aufschnappen oder über Dritte mitgeteilt bekommen, ist nicht nur sehr **zufällig**, sondern auch noch **wenig hilfreich**. Denn es sind meist Äußerungen über Dinge, an denen Sie sowieso nichts ändern können oder wollen (Ihr Aussehen, der Lernstoff usw.), oder solche Allgemeinplätze (Geschichte ist langweilig!), dass Ihnen das persönlich für Ihren Umgang mit den Schülern oder die Gestaltung Ihres Unterrichts nicht weiterhilft.

Für die Durchführung gezielten und angeleiteten Feedbacks spricht deshalb nicht allein, dass man Schülern in einer demokratischen Gesellschaft ein Recht zur Meinungsäußerung einräumen sollte. Ritualisiertes Feedback an die Lehrer würde einem Schulsystem, in welchem Lehrer und Schüler eben nur selten auf Augenhöhe stehen und gleichberechtigt miteinander kommunizieren, sehr dienen. Noch stärker aber sprechen der positive Einfluss auf die Klassenatmosphäre und Ihr eigener Nutzen dafür – nämlich auch Rückmeldung zu den von den Schülern für gut befundenen Anteilen Ihrer Arbeit zu bekommen und Bereiche zu erfragen, an denen Sie wirklich etwas verändern können und wollen.

Zunächst also betrachten wir die **Klassenatmosphäre**. Aus psychologischer Sicht ist es sehr effektiv, den Schülern regelmäßig die Möglichkeit zu geben, ihre Einschätzung über Unterricht und Lehrer abgeben zu dürfen. Selbst wenn Sie Ihre Schüler nur einen Feedbackbogen ausfüllen lassen, ihn einsammeln und dann niemals eines Blickes würdigen, hätte das auf die Atmosphäre innerhalb der Klasse bereits nicht geringen Einfluss. Die Gewissheit, dass die eigene Meinung gefragt ist, das Gefühl, auch etwas sagen zu dürfen, sogar etwas Kritisches, ist ein wichtiges Ventil für Schüler und gibt ihnen das Gefühl von Dazugehörigkeit und Beeinflussbarkeit. Psychologisch gesehen ist dabei zunächst nicht erheblich, ob die Schüler wirklich Einfluss nehmen. Selbstverständlich haben nicht nur Sie mehr davon, wenn Sie sich mit dem Feedback der Schüler auch wirklich beschäftigen, sondern auch der positive Effekt für das Miteinander ist noch viel stärker, wenn die Schüler bemerken, dass Sie sich mit den Inhalten ihrer Rückmeldung auseinandersetzen.

Nun mögen Sie vielleicht denken: *Ist ja schön und gut, dass die Psyche der Schüler Berücksichtigung findet, aber was ist mit meiner Psyche? Ich stehe schon den gesamten Schultag, oft auch noch in der sogenannten Pause, unter Dauerbeobachtung, soll immer nett, freundlich, gut strukturiert und adrett sein, höre zwischendrin noch Kommentare zu meinem Aussehen und soll mir dann noch freiwillig ein Feedback geben lassen, bei dem mich evtl. sogar jemand beleidigt?* Es ist völlig klar, dass es Situationen gibt, in denen man sich nicht auch noch mit einem Feedback der Schüler „belasten" möchte, und im Gegensatz zu den Schülern können Sie ja steuern, wann Sie gezielte Rückmeldung einholen. Es ist auch selbstverständlich, dass bestimmte Internetforen, in welchen Schüler mal so richtig Dampf ablassen können, keine Vorbilder für Ihr angeleitetes Feedback darstellen.

Wie sollte also verfahren werden, um wirklich Nutzen von Rückmeldungen zu haben?

Es hat sich als sinnvoll erwiesen, **nach** der Einführung gegenseitigen Feedbacks unter Schülern (vgl. Kap. 7.4) das Feedback an die Lehrer auszuprobieren. Letztere Situation ist nicht nur für Sie, sondern auch für die Schüler, die sich zu einem gewissen Teil in Ihrer Abhängigkeit befinden, schwieriger und sollte deshalb vielleicht nicht eingeführt werden, wenn Schüler noch generell unsicher sind, nach welchen Regeln Feedback zu geben ist. Es gelten für das Feedback an Sie dann die gleichen Regeln wie beim Feedback für die Mitschüler.

Genau wie beim Feedback für Schüler können Mitschüler als Regelwächter fungieren. Bei ausgefüllten Feedbackbögen kann der Banknachbar die Einhaltung der Regeln überprüfen. In der mündlichen Kommunikationssituation können kommunikativ kompetente Schüler diese Funktion übernehmen.

Besonders wichtig ist auch hier, dass die **Kriterien**, nach denen beurteilt werden soll, den Schülern **vorliegen** und **klar verständlich** sind. Man kann mit einem vorgegebenen, nicht zu offenen Kriterienbogen beginnen, um die Schüler langsam heranzuführen (gerade auch in der Grundschule) und sich selbst in der Anfangsphase besonders zu schützen (Kriterien wie: *Erklärt so, dass ich es verstehe* +, 0, –; *Gibt zu schwierige Hausaufgaben auf* +, 0, –; *Versucht, gerecht zu sein* +, 0, –; *Akzeptiert abweichende Schülermeinungen* +, 0, – etc.)[18]. Je offener die Fragen oder einzuschätzenden Aspekte formuliert sind, desto eher besteht die Gefahr, dass auch verletzende oder unbrauchbare Antworten erscheinen. Offene Formen sollte man demnach eher in Feedback-geübten Klassen mit guter Atmosphäre einsetzen. Bei solch offenen Formen[19] können die Schüler beispielsweise unter Stichworten wie *Klassen-/Kursleitung* oder *Arbeitsklima/Arbeitsverhalten* oder *Sonstiges* Notizen machen. In Klassen und Kursen, in denen so etwas funktioniert, können die Schüler ihnen selbst wichtige Kriterien – selbstverständlich mit Ihnen abgesprochen – entwickeln und ergänzen.

Ich hab aber keine solche Klasse und meine Schüler sind nicht so wohlerzogen, dass sie bei eng vorgegebenen Kriterien bleiben. Die streichen einfach etwas durch und schreiben Beleidigendes oder Unsinniges darüber. Das kommt leider vor, und die Erfahrung lehrt zudem, dass Beleidigungen, seien es auch nur vereinzelte und seien sie auch nur aus einer besonderen Situation heraus geschrieben (der Schüler hat sich gerade über Sie geärgert), doch haften bleiben. Liest man solche Aussagen, klingen sie oft sehr lange nach. Leider sind wir Menschen so gestrickt, dass Verletzendes viel länger und intensiver nachklingt als Lob. Wie kann man sich dagegen schützen? Vollständigen Schutz gibt es nicht. Den gibt es aber auch nicht, wenn Sie kein gezieltes Feedback einholen, denn der Flurfunk erreicht Sie auch damit irgendwann. Der konkreten Situation aber, dass Feedbackbögen Beleidigendes oder Unsinniges enthalten, kann man in der Praxis begegnen (s. Tippkasten S. 60).

18 Ein Beispiel ist zu finden in: Paradies, Liane; Wester, Franz und Greving, Johannes, *Leistungsmessung und Bewertung.* Berlin 2005. S. 177.

19 Ein Beispiel ist zu finden in: Paradies, Liane; Wester, Franz und Greving, Johannes, *Leistungsmessung und Bewertung.* Berlin 2005. S. 176.

Als erfolgreich erwiesen hat es sich, sich mit zwei bis drei Kollegen zusammenzuschließen, zum gleichen Zeitpunkt Feedbackbögen von den Schülern einzufordern und dieselben zunächst einmal gegenseitig vorsortieren zu lassen. Beleidigungen werden aussortiert etc. So hat man den Nutzen, ohne die sich einbrennenden Negativformulierungen selbst lesen zu müssen. Dazu benötigt man mindestens einen Kollegen seines Vertrauens, dem man sich so weit öffnet, dass er die Bögen lesen darf. Im Gegenzug liest man dessen Bögen. Sollte eine solche Vertrauensperson nicht vorhanden sein, kann man auch zu Hause von Partnern oder Freunden vorsortieren lassen.

Sich von den Schülern ein Feedback einzuholen, kann – trotz der Gefahren, die damit verbunden sind – nicht nur von konkretem Nutzen für die unterrichtliche Arbeit sein, sondern auch das Arbeitsklima und den Umgang miteinander fördern. Gerade dort, wo schnell mal eine Beleidigung herausrutscht oder Kritik nur selten konstruktiv ist, ist es umso wichtiger für die Schüler, solche Prozesse einzuüben. Und als Lehrer ist man dabei nicht nur ein **Vorbild im Geben von Rückmeldungen**, sondern auch **im Annehmen**. Gerade aber, weil diese Vorbildfunktion besonderes Gewicht hat, sollte man sich als Lehrer die Bedingungen so schaffen, dass man auch „vorbildlich" reagieren kann. Wenn man selbst gerade am Limit läuft und kraftzehrende Arbeitsfelder beackert, ist eine offene Infragestellung der eigenen Pünktlichkeit oder der Unterrichtsvorbereitung wenig hilfreich. Als Lehrer hat man die Möglichkeit, sich Rückmeldungen von Schülern zu einem Zeitpunkt, der einem persönlich angemessen scheint, und auf die jeweils angemessene Weise (anonyme Bögen bis hin zu mündlichem offenen Feedback im Klassengespräch) einzuholen. In diesem Sinne durchgeführte Rückmeldungen tragen häufig zu vielfältigen Verbesserungen des Arbeitsklimas bei und können wichtige Anregungen für das eigene Arbeiten geben. Denn nur die Schüler – als Adressaten Ihres Unterrichts – können Ihnen sagen, ob Sie z. B. wirklich verständliche Formulierungen nutzen oder genügend Erklärungen mitliefern, sobald Sie Fachbegriffe und Fremdwörter verwenden. Ihre Kollegen, Ihr Partner o. a. können Ihnen dazu kaum eine Rückmeldung geben. Und nicht zuletzt tut es gut, endlich auch einmal die positiven Facetten der eigenen Arbeit gewürdigt zu sehen.

7.6 WÜRFELSPIEL ODER DIDAKTISCHES BONBON? – SICH SELBST UND MITSCHÜLER BEWERTEN

Haben Sie positive Erfahrungen mit der Eigenkorrektur, Selbsteinschätzung und gegenseitigen Feedbackprozessen gemacht, überlegen Sie vielleicht auch einmal, die Selbstzensierung durch Schüler bzw. die Mitschülerbewertung auszuprobieren. Dazu sollen an dieser Stelle, da es über das eigentliche Thema der Effizienten Korrektur weit hinausgeht, nur einige wenige Hinweise gegeben werden[20].

Gründe, Schülerselbstzensierung zu nutzen, gibt es genug. Zunächst einmal kommen Schüler interessanterweise häufig zu sehr ähnlichen Zensuren wie ihre Lehrer. Ist das in einigen Fällen nicht so, können Schüler- und Mitschülereinschätzungen ein interessantes Korrektiv darstellen und helfen, die ggf. unpassende Selbsteinschätzung des Schülers oder auch – in seltenen Fällen – Ihre falsche Einschätzung zu korrigieren (kommunikative Validierung). Denn wie mehrfach erwähnt (vgl. Kap. 5), ist man auch als erfahrener Pädagoge vor Fehleinschätzungen nicht gefeit, und Schüler lassen sich, falls nötig, eher durch Mitschüler überzeugen (vgl. Kap. 7.1 „Feedback aus der Peergroup"). Ein wichtiger Effekt der Selbst- und gegenseitigen Zensierung ist zudem, dass die Kinder und Jugendlichen sich ernst genommen fühlen. Selbstverständlich können Sie den Schülern nicht das Benoten überlassen. Die rechtliche und pädagogische Verantwortung (Schutz der Schüler) verbleibt bei Ihnen. Doch wenn Sie den Schülern aufrichtig vermitteln können, dass Sie ihre Meinung auch in dieser Hinsicht ernst nehmen, kann das viel bewirken. Es stellt sich dann die Frage, wann und zu welchen Zwecken Sie Selbstzensierung zur Anwendung kommen lassen. Eine häufig genutzte Variante ist die Selbst- und gegenseitige Einschätzung bei der Besprechung der Noten für die mündliche Mitarbeit (üblicherweise kurz vor Festlegung der Zeugnisnoten). Mitschüler können hier als sinnvolles Korrektiv für beide Seiten gelten und häufig stellt sich ein Gefühl der gerechteren Benotung ein. Voraussetzung ist wiederum, dass die Bewertungskriterien offenliegen (am besten konkret an der Wand/der Tafel stehen oder auf dem Zettel vor den Schülern).

20 Ausführliche Anregungen sind u. a. in dem von Thorsten Bohl verfassten Band *Prüfen und Bewerten im Offenen Unterricht. Weinheim und Basel 2005* zu finden.

Ein weiteres Verfahren, bei dem sich Selbstzensierung anbietet, ist die Vergabe eines sogenannten **Notenpools** bei Gruppenarbeiten[21]. Besonders gut einführbar – beispielsweise im Rahmen eines Methodentages – ist das Arbeiten mit einem Notenpool anhand der sog. Gruppenpuzzlemethode[22].

NOTENPOOL

Variante 1:
Der Lehrer gibt der Gruppe eine Gesamtnote (Bsp.: Note 3). Das ist die Durchschnittsnote für die Gruppe. Die Gruppenmitglieder diskutieren nun darüber, wer der Beteiligten eine 2, wer eine 4 oder wer eine 3 verdient hat. Die Noten müssen zusammengenommen – aber addiert (2 + 2 + 3 + 4 + 4 = 15) und durch die Anzahl der Gruppenmitglieder (5) geteilt – wieder die vom Lehrer vorgegebene Durchschnittsnote ergeben. Die Schüler machen ihre Notenvorschläge und gleichen diese mit denen des Lehrers ab.

Variante 2 (besonders anspruchsvoll):
Anhand der zuvor vereinbarten Kriterien schlagen die Schüler selbst ihre Gruppennote und die Einzelnoten vor, um sie mit ihrem Lehrer zu diskutieren.

Anmerkungen: Diese Prozesse verlaufen – wie zu erwarten – nicht immer konfliktfrei. Besonders, wenn die Gruppennote ausreichend oder schlechter ist, sind Konflikte vorprogrammiert, weil dann einige der Schüler ein Mangelhaft bekommen müssten, damit die z. B. befriedigende Leistung der Mitschüler gewürdigt werden kann. Lehrer müssen in solchen Situationen nicht selten als Streitschlichter fungieren.

Sich gegenseitig oder selbst zu bewerten (durch Vergabe von Noten), überfordert erfahrungsgemäß die meisten Grundschüler noch. Selbstverständlich können Hinführungen zu solchen Verfahren bereits mit jungen Schülern erfolgen (Verteilungsübungen mit Plättchen oder Einschätzung von Leistungen der Gruppenmitglieder mittels Visualisierung), doch im Allgemeinen wird mit der Vergabe eines Notenpools erst ab Klasse 5 begonnen.

Wie bei jeder neuen Methode ist nicht zu erwarten, dass alles beim ersten Versuch 100%ig gelingt. Auch und gerade solche Methoden der Schüleraktivierung und des Miteinbeziehens von Schülern sollte man zunächst als Test- und Übungslauf ausprobieren. Mit den Schülern zusammen kann man dann überlegen, was davon beibehalten und weiter geübt, was verändert oder wieder abgeschafft werden soll.

Fazit:

Schüler sich selbst und andere korrigieren zu lassen, ist anfangs aufwendig, aber langfristig sehr effizient, denn es trägt in seinen vielen Facetten dazu bei, die Lernatmosphäre zu verbessern, den Umgang mit eigenen Fehlern und Korrekturen durch andere zu erleichtern, und führt zu einer höheren Selbsteinschätzungskompetenz.

Ein letzter Tipp zu diesem Thema:

Wenn Sie mal wieder eine Arbeit korrigieren, die Ihnen besonders viel abverlangt, bei der Sie sich nur schwer beherrschen können, nicht auch ungünstige Kommentare an den Rand zu schreiben, dann legen Sie sich den Bogen, den Sie mit Ihren Schülern zu den Feedbackregeln erarbeitet haben (vgl. z. B. **KV 42** bzw. **KV 43**, Materialsammlung S. 111–112 und auf der CD) daneben und überlegen, ob Sie dem Anspruch gerecht werden. Man bemerkt dann: Wir verlangen viel von den Schülern! Wenn sie davon nur einen Teil verinnerlichen, geben wir ihnen für ihre Zukunft bereits Wichtiges mit auf den Weg.

21 Ausführliche Beschreibung siehe: Paradies, Liane; Wester, Franz und Greving, Johannes, *Leistungsmessung und Bewertung.* Berlin 2005.

22 Ausführliche Beschreibung siehe: Paradies, Liane; Wester, Franz und Greving, Johannes, *Leistungsmessung und Bewertung.* Berlin 2005.

8. PLAGIATE ERKENNEN UND AHNDEN *(Jost Schneider)*

Früher wurde abgeschrieben. In der Straßenbahn konnte man Schüler sehen, die in aller Eile Matheaufgaben oder Aufsätze aus den Heften ihrer Mitschüler kopierten. Und bei Klassenarbeiten wurde eifrig nach links oder rechts geschielt, um vom Tischnachbarn den einen oder anderen Textbrocken zu ‚klauen'. Mag diese Praxis auch immer noch nicht aus dem Schulalltag verschwunden sein, so mutet sie doch nostalgisch, ja fast möchte man sagen, liebenswert an, wenn man sie mit dem vergleicht, was leider heute – wenn auch sicherlich nicht so häufig im Grundschulbereich – gängige Praxis ist, nämlich das massenhafte Herunterladen und Plagiieren aus dem Internet.

Der Plagiator geht ein deutlich **geringeres Risiko** ein als der Abschreiber. Denn es gibt keine – mehr oder minder unzuverlässigen – Zeugen bzw. Komplizen in der Gestalt von Klassenkameraden, die abschreiben lassen. Es stehen außerdem fast immer mehrere Texte zur Auswahl, aus denen etwas Passendes herausgesucht werden kann. Und wer es geschickt anstellt, hat zudem eine wesentlich höhere Chance, nicht überführt zu werden. Denn ob jemand von seinem Kumpel oder Tischnachbarn abgeschrieben hat, kann ich vergleichsweise leicht feststellen. Ob aber jemand aus den Tiefen des Netzes etwas herauskopiert hat, das ich nur nach mehrstündiger Suche finden würde, ist viel schwerer nachzuweisen.

> Wie im elektronischen Zeitalter nicht anders zu erwarten, gibt es inzwischen eigene Lehrstühle an deutschen Universitäten, die sich mit dieser Problematik befassen und die spezielle Suchprogramme entwickeln, mit deren Hilfe Plagiate erkannt werden sollen. Die bekannteste Expertin auf diesem Gebiet ist zurzeit Prof. Dr. Debora Weber-Wulff von der FHTW Berlin. Auf ihrer Internetseite http://plagiat.htw-berlin.de/ können Sie jeweils aktuell recherchieren, welche Plagiaterkennungssoftware gerade en vogue ist und welche Leistung sie erbringen kann.

Das zentrale Problem bei der Plagiatsuche liegt seit einiger Zeit darin, dass allgemein zugängliche **Suchprogramme wie Copyscape, Docoloc oder Ephorus** von (älteren) Schülern selbst genutzt werden, um immer raffiniertere Plagiate anzufertigen. Kostenlos oder gegen vergleichsweise geringe Gebühren markieren diese Programme in einem heruntergeladenen Text diejenigen Passagen, die mit einfachen Instrumenten wie Google als Plagiate identifiziert werden können. Der Schüler muss dann nur noch diese Textpassagen umformulieren oder – was besonders trickreich ist – mit kleinen Flüchtigkeitsfehlern anreichern, um ein auf elektronischem Wege praktisch nicht mehr aufspürbares Plagiat zu fabrizieren.

Beliebt ist auch die ‚Shake&Paste-Technik', bei der mehrere Vorlagen montageartig zusammengebastelt werden. Und schließlich muss auch mit subtileren Formen des Plagiates gerechnet werden, bei denen nicht der Wortlaut, wohl aber der Aufbau eines Textes von einem Schüler (oder seinen Helfern daheim ...) übernommen wird. Derartige Täuschungsversuche sind mithilfe von Plagiaterkennungssoftware kaum zu erkennen. Auch Prof. Weber-Wulff kommt deshalb zu dem Fazit, dass der Mensch zurzeit noch jeder Plagiaterkennungssoftware überlegen ist.

> Als Quellenreservoir für alle diese Formen des Plagiates werden in erster Linie die sogenannten Hausarbeitenbörsen im Internet genutzt. Das sind Portale wie www.hausarbeiten.de, www.fundus.org, www.young.de, www.schule-studium.de oder www.school2000.de, die gegen eine geringe Gebühr oder sogar kostenlos viele zigtausend Referate und Hausarbeiten zu allen möglichen, schulrelevanten Themen anbieten. Als Lehrer sollten Sie diese Portale kennen und wenigstens ungefähr darüber informiert sein, zu welchen konkreten Aufgabenstellungen aus dem Themenkreis Ihrer aktuellen Unterrichtsreihen darin Angebote zu finden sind.

Wenn aber die Plagiaterkennungssoftware keine zuverlässige Hilfestellung bietet, wie kann ich dann selbst, ohne technische Hilfsmittel, einen Plagiator überführen? Letztlich nur mithilfe einer sorgfältigen Stil- und Fehleranalyse. Folgende **Indizien** *können* den Verdacht nähren, dass es sich nicht um ein Eigengewächs des Schülers handelt:

- untypische Wortwahl: Häufung von Fachbegriffen, Fremdwörtern, seltenen und bildungssprachlichen Vokabeln

- Rechtschreibung: vom bisherigen Fehlerprofil des Schülers stark abweichende Orthografie
- Stilbrüche: Wechsel zwischen der üblichen Ausdrucksweise des Schülers und einer wissenschaftlichen bzw. professionell-journalistischen Diktion
- schwankender Fehlerquotient: z. B. fehlerfreier Hauptteil, umrahmt von Einleitung und Schlusswort mit jeweils zahlreichen Rechtschreibfehlern
- zu anspruchsvolle Grammatik/Rhetorik: viele korrekt benutzte Konjunktive, Appositionen, Parenthesen usw.
- Satzbau: lange, stark verschachtelte Satzgefüge
- Aufbau: sehr klare Durchstrukturierung (ggf. mit Nummerierung einzelner Abschnitte)
- Formatierungswechsel: unmotivierter Wechsel von Schriftart, Schriftgrad, Schriftauszeichnung, Flatter-/Blocksatz usw.

Es versteht sich, dass bei der Bewertung dieser Indizien immer nur Abweichungen vom typischen Leistungsstand eines Schülers berücksichtigt werden dürfen! Ein sehr guter Oberstufenschüler kann ja durchaus Texte produzieren, die den Anforderungen an eine Proseminararbeit schon sehr nahekommen. Doch dieser Fall ist eher selten. In der Regel sind Schülerplagiate makkaronische Werke, in denen einige aus dem Netz kopierte Textpassagen hintereinandergestellt und eher schlecht als recht mit selbstverfassten, orthografisch und stilistisch stark davon abweichenden Überleitungen zu einer Montage oder Collage verbunden wurden.

Bei der Frage, wie man den typischen Leistungsstand eines Schülers zuverlässig bestimmen kann, ergibt sich vor dem Hintergrund der Plagiatsproblematik eine **interessante Differenzierung zwischen den Prüfungsarten**. Nur bei Klausuren und mündlichen Prüfungen kann die Plagiatsicherheit als gut bezeichnet werden. Bei Hausarbeiten und Referaten sowie bei Multiple-Choice-Klausuren (erhöhte Abschreib- und Rategefahr) erhält man dagegen keine ganz zuverlässigen Aufschlüsse über das Leistungsvermögen eines Schülers. Es kann also sinnvoll sein, die bei Klausuren und in mündlichen Prüfungen (z. B. Wiederholung des Stoffes der letzten Stunde zu Unterrichtsbeginn) ermittelte Leistung eines Schülers als Referenzwert zu nehmen, an dem die übrigen Leistungen – natürlich nur im Hinblick auf die Plagiatsprüfung – zu messen sind. Sollte die Mode des Plagiierens, wie leider zu erwarten ist, weiter um sich greifen, könnten langfristig sogar Veränderungen des Schulgesetzes erforderlich sein, die der Klausur und der mündlichen Prüfung ein höheres Gewicht bei der Leistungsmessung geben.

Übrigens lassen sich, wie die folgende Tabelle (**Abb. 17**) zeigt, durch **Wechsel der Prüfungsform** kaum Rationalisierungseffekte bei der Korrekturarbeit erzielen. Nur im Falle der mündlichen Prüfung, die aber in den meisten Lehrplänen kein großes Gewicht hat, kann von wirklich erheblichen Einspareffekten gesprochen werden. Bei der Multiple-Choice-Klausur sinkt zwar der Korrekturaufwand, doch die Erstellung entsprechender Fragebögen verursacht erfahrungsgemäß – außer vielleicht in manchen Themenbereichen der mathematisch-naturwissenschaftlichen Fächer – viel Mühe, ganz abgesehen davon, dass die in vielen Fächern mit ausschlaggebende Sprachkompetenz dabei nicht oder nur sehr indirekt ermittelt wird.

	Plagiatsicherheit	Vorbereitungsaufwand	Korrekturaufwand
Hausarbeit	mittel	mittel	schlecht
Klausur	gut	mittel	schlecht
Multiple choice	mittel	schlecht	gut
Referat, Moderation	mittel	mittel	gut
Mündliche Prüfung	gut	gut	gut

Abb. 17

Wie kann aber nun der Nachweis geführt werden, dass es sich in einem konkreten Verdachtsfall tatsächlich um ein Plagiat handelt? Am elegantesten ist natürlich die Variante, bei der Sie nach Feststellung einiger der oben aufgelisteten Indizien gezielt im Internet forschen und den kopierten Text tatsächlich ermitteln. Manchmal genügt es, eine besonders prägnante, unalltägliche Formulierung (vier oder fünf Wörter) in Anführungszeichen bei Google einzugeben. Doch bei raffinierteren Plagiaten, die mithilfe entsprechender Erkennungssoftware (s.o.) vorgetestet und entschärft wurden, führt dies zu keinem Ergebnis. Dann bleibt Ihnen nur die Möglichkeit, den betreffenden Schüler zur Sprechstunde einzubestellen und ihm, möglichst im Beisein eines Kollegen, **Verständnisfragen** zu seiner Arbeit vorzulegen. Ist er selbst nicht in der Lage, Aufbau, Inhalt und Vokabular seiner Arbeit zu erklären, deutet dies sehr stark auf ein Plagiat hin. Nicht selten wird der Schüler dann gestehen, abgeschrieben zu haben.

Die Folgen sollten hart sein, wobei aber eine abgestufte Reaktion zu empfehlen ist. Beim ersten oder zweiten Vergehen kann eine Abmahnung genügen. Die entsprechende Prüfungsleistung muss natürlich in jedem Fall wiederholt werden. An weiteren **Maßnahmen** kommen in Betracht:

- Benachrichtigung der Erziehungsberechtigten
- Ermahnung/Belehrung durch die Schulleitung
- Eintragung in eine Plagiatorenkartei (Löschung nach zwei oder drei Jahren)
- (Drohung mit) Benachrichtigung des Plagiierten (Geldstrafe möglich)

Für alle überführten Plagiatoren verbindlich sollte die Teilnahme an einem nachmittäglichen Workshop sein, in dem die Plagiaterkennung demonstriert, die urheberrechtliche Situation veranschaulicht und die ethische Problematik hinsichtlich der nichtplagiierenden Mitschüler verdeutlicht werden sollte. Übungen zur Ermittlung, Beschaffung, Auswertung und selbstständigen Weiterverarbeitung sowie zur korrekten Zitierung von Informationsquellen sollten sich anschließen.

Wir kommen damit zu der wichtigen, die zugrunde liegende eigentliche Problematik berührenden **Frage, weshalb das Plagiieren dermaßen in Mode gekommen ist**. Es greift zu kurz, hierfür nur die Verbreitung der Internetnutzung, also eine rein technische Dimension verantwortlich zu machen. Vielmehr spielen die Unfähigkeit zu selbstständiger Arbeit, das schlechte Zeitmanagement, die reine Notenorientierung (technokratischer Bildungsbegriff), das mangelnde Selbstwertgefühl mancher Schüler („*Im Netz ist sowieso alles schon in besserer Form zu finden, als ich es jemals zustande bringen würde!*") und schließlich auch die Unvertrautheit mit der korrekten Zitiertechnik eine große Rolle. Dies alles sind aber genuine Arbeitsfelder des Schulunterrichtes! Wer als Schüler moderne Methoden des selbstständigen Lernens (einschließlich einer wirklich kompetenten Internetrecherche) beherrscht, wer durch Wochenplanarbeit sein Zeitmanagement in den Griff bekommen konnte, wer mit einem humanistisch-ganzheitlichen Bildungsbegriff vertraut ist und wer schließlich ordnungsgemäß mit Quellen umgehen kann, für den wird das Abkupfern unter seiner Würde sein. Mag es auch in der grauen Alltagswirklichkeit nicht immer gelingen, allen Schülern solche hehren Ziele zu vermitteln, so sollte doch jedenfalls die schulische Plagiatprävention an diesen neuralgischen Punkten ansetzen und sich nicht auf das regelmäßige Update von Plagiaterkennungssoftware beschränken!

Jedenfalls besteht die Gefahr, dass Schüler durch ein Übermaß an Frontalunterricht, womöglich kombiniert mit einer Überflutung mit kopierten Arbeitsblättern ohne Quellenangaben, in eine passive Grundhaltung gedrängt werden. Schüleraktivierung und Verselbstständigung des Lernens sind also die beste Plagiatprävention. Das bedeutet nicht, dass Frontalunterricht immer des Teufels ist. Aber ein vernünftiger **Wechsel der Unterrichtsmethoden** in Kombination mit einem **guten Methodentraining** zu Schuljahresbeginn, das die Voraussetzungen für ein selbstständiges Arbeiten schafft, bleibt hier das Mittel der Wahl.

Als Soforthilfemaßnahme ist darüber hinaus zu empfehlen, Hausarbeitsthemen von vornherein so spezifisch zu formulieren, dass Plagiate zumindest erschwert werden. Wer die Angebote der oben aufgelisteten Hausarbeitenbörsen einmal durchblättert, wird sehr schnell feststellen, dass bestimmte Fragestellungen und Aufgabentypen immer und immer wieder anzutreffen sind. Es bereitet relativ wenig Aufwand, bei der Formulierung einer Aufgabenstellung so konkret auf die tatsächlich im Unterricht behandelten Themen und Materialien Bezug zu nehmen, dass die Wahrscheinlichkeit stark absinkt, etwas Passgenaues dazu im Internet zu finden.

SCHLUSSWORT (*Jost Schneider*)

„Im Bild des Lehrers wiederholt sich, sei's noch so abgeschwächt, etwas vom affektiv höchst besetzten Bild des Henkers.“ Diese viel zitierte Formulierung aus Adornos Berliner Vortrag *Tabus über dem Lehrberuf* von 1965 gilt in besonderer Weise für den Lehrer als Korrigierenden und hat seither – durch die **zunehmende Verbreitung technokratischer und funktionalistischer Bildungskonzepte** – eher noch an Bedeutung gewonnen. In einem Schulsystem, das gegen den Willen fast aller darin Beschäftigten zunehmend entautonomisiert und auf effiziente Selektion getrimmt wird, kann die Korrekturarbeit, zumal wenn sie praktisch im Akkord stattzufinden hat, einen Verdruss erzeugen, der sich im schlimmsten Fall nicht nur gegen die Schüler, sondern als Gesundheitsschädigung auch gegen die Lehrer selbst richtet.

Die in diesem Buch vorgestellten Maßnahmen zur Zeiteinsparung und zur Wirkungssteigerung sollen deshalb auch dazu dienen, jene zusätzliche Viertelstunde herauszuschlagen, die man benötigt, um in Ruhe und Gelassenheit und auf der Basis einer humanen Pädagogik Leistungsbeurteilungen zu erstellen, die den Schüler **tatsächlich erreichen und nachhaltig fördern**.

Mag es auch keine Zaubertricks geben, mit deren Hilfe die Korrekturarbeit auf einen Streich um die Hälfte reduziert werden kann, so bieten doch die hier vorgestellten Maßnahmen nach unserer Erfahrung genug Rationalisierungspotenzial, um die besagte Ruhe und Gelassenheit (wieder) herzustellen. Wenn Sie bei der Umsetzung der hier vorgeschlagenen Maßnahmen auf Hindernisse stoßen oder wenn Sie konkrete Empfehlungen für ein sinnvolles Vorgehen in Ihrem Haus erhalten möchten, stehen Ihnen die Verfasser des vorliegenden Bandes übrigens gerne mit Rat und Tat zur Seite! Unter **www.lehrerakademie-querenburg.de** können Sie uns zu schulgerechten Preisen für Lehrerfortbildungen zum Thema dieses Buches bzw. zu daran anknüpfenden Themen wie Selbstständiges Lernen, Diagnostik, Verhaltensauffälligkeiten, Schulinspektion, Stress und Burn-out, Lehrergesundheit usw. buchen. Aus der Erfahrung vieler hundert Lehrerfortbildungen heraus können wir die für Sie sinnvollen und tatsächlich umsetzbaren Maßnahmen gerne bei Ihnen vor Ort mit Ihrem Kollegium erörtern! Zunächst aber wünschen wir Ihnen nach der Lektüre dieses Buches viel Erfolg bei der effizienteren und wirksameren Gestaltung Ihrer Korrekturarbeit!

LITERATURVERZEICHNIS

Beck, Bärbel / Klieme, Eckhard, *Sprachliche Kompetenzen: Konzepte und Messung*, Weinheim 2007.

Böttcher, Ingrid, *Texte bearbeiten, bewerten und benoten*, Berlin 2006.

Bohl, Thorsten, *Prüfen und Bewerten im Offenen Unterricht*, Weinheim [4]2009.

Brenner, Gerd, *Fundgrube Deutsch*, Berlin 2006.

Ingenkamp, Karlheinz / Lissmann, Urban, *Lehrbuch der Pädagogischen Diagnostik*, Weinheim und Basel [6]2008.

Müller-Michaels, Harro, *Schülerleistungen und Noten*, Berlin 2000.

Paradies, Liane / Wester, Franz / Greving, Johannes, *Leistungsmessung und -bewertung*, Berlin 2006.

Perlmann-Balme, Michaela, *Kompetenzen testen, prüfen, zertifizieren*, Stuttgart 2006.

Sacher, Werner, *Schulische Leistungsdiagnose. Grundlagen und Probleme.* In: Schulmagazin 5 bis 10, 3/2006, S. 5–8.

Sacher, Werner, *Leistung entwickeln, überprüfen und beurteilen: Bewährte und neue Wege für die Primar- und Sekundarstufe.* Bad Heilbrunn [3]2009.

Scheidhammer, Franz-Josef, *Aufsatzkorrekturen fair und transparent: Checklisten und Beurteilungshilfen*, Mülheim an der Ruhr 2008.

Weinert, Franz E., *Leistungsmessungen in Schulen*, Weinheim 2001.

Winter, Felix, *Leistungsbewertung. Eine neue Lernkultur braucht einen anderen Umgang mit Schülerleistungen*, Baltmannsweiler 2004.

Zeitlinger, Edith (Hrsg.), *Leistungsbeurteilung*, Innsbruck 2006.

Material-sammlung

Gängige Korrekturzeichen

Korrekturzeichen	Fehlerbeispiele	Erklärung
Rechtschreibung **R, RS**	Entlich hat er Ferien.	Ableitung von Ende } /endlich
Zeichensetzung **Z, ZS**	Er versucht pünktlich zu sein.	Komma für erweiterten Infinitiv
Akzentzeichen **Akz**	Wir essen heute á la carte.	à la carte
Wort, Ausdruck **W, A**	Bismarck war darüber voll verärgert.	voll = Steigerungsform der Jugendsprache sehr verärgert
Wiederholung **W, Wh**	Dann kam ein Auto. Dann kam ein LKW. Er sprach eine Ansprache.	Konjunktion bleibt gleich Besser: Ansprache halten
Grammatik **G, Gr**		
Morphologie, Formenlehre **Morph, F**		
Pronomen **P, Pron**	Heute kommt mein Freund, deren Schwester ein Pferd hat.	Der Freund = maskulin } Relativ-pronomen dessen
Artikel **A, Art**	Sie hat einen Band im Haar.	das Band } ein Band der Band = Buch einer Reihe
Deklination **D, Dk**	Der Tierwärter füttert den Bär.	den Bären eine Gruppe männlicher Lebewesen erhält im Akkusativ die Endung -en oder -n
Numerus; Ein-, Mehrzahl **N, Nr, Ez, Mz**	Die Kaktusse blühen.	Falsche Mehrzahl } Kakteen
Genus, Geschlecht **G, Gs, Gen, Gesch**	Die Mädchen spielt Ball.	Vgl. Artikelfehler Grammatisches Geschlecht ist Neutrum } das Mädchen
Kasus, Fall **K, Kas, F, Fall**	Ich gebe das Kind der Ball.	Wem? } dem Kind (Dativ) Was? } den Ball (Akkusativ)
Satzbau, Syntax **S, Sb, Sy**		
Satzbau, Syntax **S, Sb, Sy**	Ich gehe ins Schwimmbad, weil das Wetter ist schön.	…, weil das Wetter schön ist. Wenn *weil* einen Nebensatz einleitet, steht das Verb an letzter Stelle.
Konjugation (Wort-)Form **K, Ko, F, Form**	Sie frägt ihn etwas.	3. Pers. Sing. = sie fragt Konjugation von Verben
Modus, Aussageweise **M, Mo, Aw**	Er tut so, als träge er die Verantwortung. Der Artikel berichtet, es hat einen Unfall gegeben.	3. Pers. Sing. Konj. II = er trüge Indikativ, Imperativ, Konjunktiv Redewiedergabe } Konj. I = habe
Stellung, Konstruktion **St, K, Ko**	Ich habe getroffen am Bahnhof heute eine Frau.	Ich habe heute am Bahnhof eine Frau getroffen. } Partizip II am Ende des Satzes } Zeit vor Ort

Korrekturzeichen	Fehlerbeispiele	Erklärung
Präposition **P, Präp**	Er geht bei den Doktor. Der Hund schläft im Boden.	Er geht zum Doktor. Er schläft auf dem Boden.
Konjunktion **K, Konj.**	Weil ich krank bin, gehe ich ins Freibad.	Konjunktion unlogisch Hier: obwohl
Bezug, Beziehung **B, Bz**	Der Jäger geht in den Wald. Er war dunkel.	Bezug zweideutig } wer ist dunkel? Der Jäger oder der Wald?
Accord, Kongruenz **Acc, Kong**	Tim, Lisa und Anton geht heute in den Zirkus.	Tim, Lisa und Anton = 3. Pers. Plural } gehen Subjekt und Verb kongruieren, d. h. das Subjekt muss sich dem Verb anpassen und umgekehrt.
Tempus, Zeit **T, Zt**	Es war einmal ein König. Der König hat drei Töchter gehabt.	Erzählzeit = Präteritum durchgehend zu verwenden. 2. Satz } Der König hatte drei Töchter.

KORREKTURZEICHEN

FEHLERART	VERBREITETE KORREKTUR-ZEICHEN	VON MIR VERWENDETE(S) KORREKTUR-ZEICHEN	KÜNFTIG ZU NUTZENDES ZEICHEN
Rechtschreibung	R, Rs		
Zeichensetzung	Z, Zs		
Akzentzeichen	Akz		
Wort, Ausdruck	W, A		
Wiederholung	W, Wh		
Grammatik	G, Gr		
Morphologie, Formenlehre	Morph, F		
Pronomen	P, Pron		
Artikel	A, Art		
Deklination	D, Dk		
Numerus, Ein-, Mehrzahl	N, Nr, Ez, Mz		
Genus, Geschlecht	G, Gs, Gen, Gesc		
Kasus, Fall	K, Kas, F, Fall		
Satzbau, Syntax	S, Sb, Sy		
Konjugation, (Wort-)Form	K, Ko, F, Form		
Modus, Aussageweise	M, Mo, Aw		
Stellung, Konstruktion	St, K, Ko		
Präposition	P, Präp		
Konjunktion	K, Konj.		
Bezug, Beziehung	B, Bz		
Accord, Kongruenz	Acc, Kong		
Tempus, Zeit	T, Zt		

Link: www.e-write.de/mg/downloads/data/pdf/ewrite/korrekturzeichen.pdf
(Enthält Korrekturzeichen nach DIN 16 511)

Erwartungshorizonte

Formularmuster für Grundschulen (KV 03–13)

Hier finden Sie Formularmuster für folgende Prüfungstypen:

- Aufsatz allgemein
- Klassenarbeit Deutsch
- Aufsatz Deutsch
- Freies Schreiben
- Referate
- Kunst
- Experimente/Sachunterricht
- Viertel-/Halbjahresarbeit
- Beispiel: Von der Checkliste zum Erwartungshorizont

Formularmuster für weiterführende Schulen (KV 14–28)

Hier finden Sie Formularmuster für folgende Prüfungstypen:

- Aufsatz allgemein
- Freies Schreiben
- Mathematik
- Deutsch (Literatur)
- Englisch (Literatur)
- Englisch (Sprache)
- Referate
- Kunst
- Experimente (Naturwissenschaften)
- Viertel-/Halbjahresarbeit

Gestaltung und Verwendung von Erwartungshorizonten (KV 29)

Was zu beachten ist beim: **Schreiben von Aufsätzen**	Schülername: Betty Beispiel
Klasse XY; TT.MM.JJ; [hier kann die Aufgabenstellung eingetragen werden]	

	Inhalt	1	2	3	4	5	6
immer wichtig	Du hast die Aufgabe genau gelesen und verstanden.						
	Du hast eine passende Überschrift gefunden.						
	Du hast an Einleitung, Hauptteil und Schluss gedacht.						
	Du hast das Wissen genutzt, das wir im Unterricht erarbeitet haben.						
	Du hast zusätzlich eigenes Wissen eingebracht.						
	Du hast treffende Verben und Adjektive verwendet.						
	Du hast unterschiedliche Satzanfänge benutzt.						
	Du hast keine Gedankensprünge oder Lücken in deinem Text – man kann dir gut folgen.						
diesmal wichtig	Die wörtliche Rede hast du an passender Stelle eingesetzt.						
	Summen						
		Durchschnitt:					

	Form	normal/gut	Abzug 0,5	Abzug 1,0
immer wichtig	Du hast sauber und ordentlich geschrieben.			
	Du hast die Wörter richtig bzw. lautgetreu geschrieben.			
	Du hast neue und/oder schwierige Wörter benutzt.			
	Du hast die Sätze vollständig und richtig gebildet.			
	Du hast die Satzzeichen an der richtigen Stelle gesetzt.			
diesmal wichtig	Du hast die wörtliche Rede richtig angewendet.			
	Abzug			

	NOTE	

Bemerkungen/Hinweise:

Was zu tun ist in: **Klassenarbeiten in Deutsch**	Schülername: Betty Beispiel
Klasse XY; TT.MM.JJ; Schreibe zu den Bildern ein Rezept für Gemüsesuppe!	

	Wie gut hast du gearbeitet?	1	2	3	4	5	6
immer wichtig	Aufgabe genau gelesen und verstanden	×					
	erfasst, was im Unterricht behandelt wurde		×				
	zusätzliches eigenes Wissen eingebracht				×		
	eine sinnvolle Reihenfolge eingehalten		×				
	klingt verständlich und überzeugend		×				
	alles bis ins Detail durchdacht			×			
	eigene Gedanken darüber gemacht		×				
diesmal wichtig	alle sechs Bilder berücksichtigt		×				
	alle Arbeitsschritte benannt		×				
	alle Gemüsesorten genannt	×					
	alle Küchengeräte genannt						×
	richtige Reihenfolge eingehalten	×					
	Zusatz von Wasser und Gewürzen erwähnt			×			
	richtige Kochzeit genannt			×			
		×1	×2	×3	×4	×5	×6
	Summen	3	12	9	4	0	6
		Durchschnitt: 34 ÷ 14 = 2,43					

	Hast du sauber und richtig geschrieben?	normal/gut	Abzug 0,5	Abzug 1,0
immer wichtig	sauber und ordentlich geschrieben		×	
	neue und schwierige Wörter benutzt			×
	Sätze vollständig und richtig gebildet		×	
	Wörter richtig bzw. lautgetreu geschrieben			×
	Satzzeichen an der richtigen Stelle gesetzt		×	
diesmal wichtig	Gemüsenamen richtig geschrieben		×	
	Rezeptformeln (,man nehme' usw.) benutzt	×		
	Abzug		0,5*	

	NOTE	2,43 + 0,5 = 2,93

Bemerkungen/Hinweise:

- Du hast nicht die ,Kochwörter' verwendet, die wir im Unterricht behandelt haben.
- Die Reihenfolge der Arbeitsschritte hast du ganz genau eingehalten!

** Es wurde eine halbe Notenstufe abgezogen, da die Abzüge im Schnitt bei 0,5 liegen.*

Was zu beachten ist beim: **Schreiben von Aufsätzen**	Schülername:

	Inhalt und Sprache		Punkte
immer wichtig	Deine **Überschrift**	passt gut.	2
		passt weniger gut.	1
		hast du vergessen.	0
	Du hast an **Einleitung, Hauptteil** und **Schluss** gedacht.	alle drei	3
		zwei	2
		nur eins	1
	In deinem Text sind	keine **Gedankensprünge**.	2
		einige Gedankensprünge.	1
		viele Gedankensprünge.	0
	Du erzählst/beschreibst	**ausführlich** und **genau**.	2
		weniger ausführlich.	1
		zu wenig und ungenau.	0
	Du verwendest treffende und unterschiedliche **Verben**	sehr häufig.	2
		manchmal.	1
		selten.	0
	Du verwendest treffende und unterschiedliche **Adjektive**	sehr häufig.	2
		manchmal.	1
		selten.	0
	Du benutzt unterschiedliche **Satzanfänge**	sehr häufig.	2
		manchmal.	1
		selten.	0
	Dein **Sprachstil** ist	lebendig und gewandt.	2
		einfach.	1
diesmal wichtig	Du hast	viele und tolle **eigene Ideen**.	2
		eigene Ideen.	1
		keine eigenen Ideen.	0
		Gesamtpunktzahl:	

	Form	1	0,5	0
immer wichtig	Du hast sauber und ordentlich geschrieben.			
	Du hast die Wörter richtig bzw. lautgetreu geschrieben.			
	Du hast neue und/oder schwierige Wörter benutzt.			
	Du hast die Sätze vollständig und richtig gebildet.			
	Du hast die Satzzeichen an der richtigen Stelle gesetzt.			
diesmal wichtig				
	Formpunkte insgesamt:			

Du hast _______ von _______ Punkten erreicht. Das entspricht der Note: ____________________

Bemerkung:

Was zu beachten ist bei	Schülername:

	Inhalt und Sprache		Punkte
immer wichtig			
diesmal wichtig			
		Gesamtpunktzahl:	

	Form	1	0,5	0
immer wichtig				
diesmal wichtig				
	Formpunkte insgesamt:			

Du hast _______ von _______ Punkten erreicht. Das entspricht der Note: ____________________

Bemerkung:

Was zu beachten ist beim: **Freien Schreiben**	Schülername: Brigitte Beispiel
Klasse XY; TT.MM.JJ; [hier kann der Schreibanlass eingetragen werden]	

	So gut hast du gearbeitet:	+	+/–	–
immer wichtig	Die Überschrift passt zu deinem Text.			
	Du hast dich bemüht, ausführlich zu schreiben.			
	Du hast es geschafft, so zu schreiben, dass man dir gut folgen kann (keine Gedankensprünge).			
	Du bist auf den Schreibanlass (Bild o. Ä.) eingegangen.			
	Du hast eigene Ideen eingebracht.			
	Du benutzt passende und interessante Wörter.			
	Die Personen/Tiere/Gegenstände stellst du gut vor.			
diesmal wichtig				

	So ordentlich und eifrig warst du:	+	+/–	–
immer wichtig	Deine Schrift ist gut lesbar.			
	Die Wörter sind richtig bzw. lautgetreu geschrieben.			
	Die Sätze sind vollständig und richtig gebildet.			
	Die Satzzeichen sind an der richtigen Stelle gesetzt.			
diesmal wichtig				

Bemerkungen / Hinweise:

Was zu tun ist in:	Schülername:

	Wie gut hast du gearbeitet?	1	2	3	4	5	6
immer wichtig							
diesmal wichtig							
	Summen	×1	×2	×3	×4	×5	×6
		Durchschnitt:					

	Hast du sauber und richtig geschrieben?	normal/gut	Abzug 0,5	Abzug 1,0
immer wichtig				
diesmal wichtig				
	Ggf. Abzug			

	NOTE	

Bemerkungen / Hinweise:

Erwartungshorizont für: **Referate (Grundschule)**	Schüler/in:
Haustiere	

	So hast du die Aufgabe erledigt:	+	0	–
immer wichtig	Du hast zum richtigen Thema gearbeitet.			
	Du wusstest zu deinem Thema Bescheid.			
	Du hast den anderen Bilder und Gegenstände zum Thema gezeigt.			
	Du hast laut und deutlich gesprochen.			
	Du konntest Fragen der Mitschüler beantworten.			
diesmal wichtig	Du hast alle besprochenen Bausteine verwendet (Aussehen, Futter, Pflege, Besonderheiten).			
	Du konntest schon vieles vortragen, ohne auf deine Hilfskarten zu schauen.			

	So eifrig und ordentlich hast du gearbeitet:	+	0	–
immer wichtig	Du hast dich gut vorbereitet.			
	Du hast dich bemüht, deinen Mitschülern alles gut zu erklären.			
	Du hast dein Thema für die Klassenbibliothek ordentlich zusammengefasst.			
diesmal wichtig	Du hast deine Zusammenfassung für die Klassenbibliothek mit Zeichnungen und Bildern verschönert.			

Bemerkungen:

Erwartungshorizont für: **Kunst (Grundschule)**	Schüler/in:
Herbstbild mit Wasserfarben und zusätzlichen Materialien	

	So gut hast du die Aufgabe erledigt:	++	+	0	–	––
immer wichtig	Du wusstest, was du machen solltest.					
	Du hast die Materialien richtig eingesetzt.					
	Du hast die erlernte Technik richtig umgesetzt.					
	Du hast tolle eigene Ideen eingebracht.					
	Du hast sehr selbstständig gearbeitet.					
diesmal wichtig	Du hast die benötigten Materialien selbst mitgebracht.					
	Insgesamt:					

	So eifrig und ordentlich hast du gearbeitet:	++	+	0	–	––
immer wichtig	Du hast dir viel Mühe gegeben.					
	Du hast Freude am Malen und Gestalten.					
	Du hast dein Ergebnis gut vorgestellt/ beschrieben.					
diesmal wichtig	Du hast die Grenzen zwischen den Formen eingehalten.					
	Mit dem Wasser bist du sehr vorsichtig umgegangen.					
	Insgesamt:					

Bemerkungen:

Erwartungshorizont für: **Experimente (Sachunterricht)**	Gruppe (Namen):

	So gut habt ihr die Aufgabe erledigt:	+	0	–
immer wichtig	Ihr habt die Aufgabenstellung richtig gelesen und in der Gruppe geklärt.			
	Ihr habt das Experiment so durchgeführt, wie es in der Anweisung stand.			
	Ihr habt eigene Ideen und Erklärungen entwickelt.			
	Ihr habt den anderen eure Ergebnisse und Ideen gut vorgestellt.			
	Ihr habt sehr selbstständig gearbeitet.			
diesmal wichtig	Ihr habt gut zusammengearbeitet und euch gegenseitig geholfen.			
	Ihr habt die besprochenen Materialien mitgebracht.			

	So eifrig und ordentlich habt ihr gearbeitet:	+	0	–
immer wichtig	Jeder von euch hat genau und ordentlich Protokoll geführt.			
	Jeder von euch hat eine Skizze des Versuchsaufbaus gemacht.			
	Mit den Materialien seid ihr verantwortlich umgegangen.			
	Ihr habt euren Arbeitsplatz hinterher wieder aufgeräumt.			
diesmal wichtig	Ihr habt die geübte „Protokollsprache" verwendet.			

Bemerkungen:

Erwartungshorizont für: **(Viertel-/Halb-) Jahresarbeit (Grundschule)**	Schüler/in:

	So gut hast du die Aufgabe erledigt:	++	+	0	–	––
immer wichtig	Du hast über das richtige Thema geschrieben.					
	Du hast sinnvolle Überschriften gewählt und dazu passende Informationen gegeben.					
	Du hast viel zum Thema zusammengetragen.					
	Du hast einige Dinge sehr genau beschrieben.					
	Du machst keine Gedankensprünge und man kann dir gut folgen.					
	Du nutzt Bilder und Zeichnungen, um dein Thema verständlich darzustellen.					
	Du hast Informationen aus Büchern, Zeitschriften, dem Internet usw. richtig wiedergegeben.					
	Du hast eigene Ideen zum Thema hinzugefügt.					
diesmal wichtig						

	Form und Sprache	Plus 0,5	0,0	Minus 0,5
immer wichtig	Du hast das Titelblatt gut gestaltet (enthält alle Informationen und ein Bild).			
	Du hast abwechslungsreiche eigene Wörter gewählt.			
	Du hast (fast) alle Wörter richtig geschrieben.			
	Du hast ganze Sätze geschrieben.			
	Du hast Punkte, Fragezeichen und Ausrufezeichen meistens richtig gesetzt.			
	Du hast pünktlich abgegeben.			
diesmal wichtig	Du hast aufgeschrieben, in welchen Büchern, Zeitschriften oder auf welchen Internetseiten du zu deinem Thema Informationen gefunden hast.			
	Plus- und Minuspunkte:	+		–

Gesamtnote:

Was zu beachten ist beim: **Schreiben von Aufsätzen**	Schülername: Benno Beispiel
Klasse XY; TT.MM.JJ; [hier kann die Aufgabenstellung eingetragen werden]	

	Inhalt	1	2	3	4	5	6
immer wichtig	Aufgabe genau gelesen und verstanden						
	passenden (Neben-) Titel gefunden						
	Gliederung in Einleitung, Hauptteil, Schluss						
	Tiefe des gezeigten Wissens						
	Breite des gezeigten Wissens						
	Schlussteil enthält Fazit/Zusammenfassung						
	eigene Stellungnahmen gut begründet						
	Du hast keine Gedankensprünge oder Lücken in deinem Text – man kann dir gut folgen.						
diesmal wichtig	alle Bestandteile der Einleitung vorhanden						
	Summen						
		Durchschnitt:					

	Form	normal/gut	Abzug 0,5	Abzug 1,0
immer wichtig	sauber und ordentlich geschrieben			
	Wörter richtig geschrieben			
	neue und/oder schwierige Wörter benutzt			
	Sätze vollständig und richtig gebildet			
	Satzzeichen an der richtigen Stelle gesetzt			
diesmal wichtig	alles in der Gegenwart geschrieben			
	keine wörtliche Rede verwendet			
	Abzug			

	NOTE	

Bemerkungen / Hinweise:

Was zu beachten ist beim: **Freien Schreiben**	Schülername: Brigitte Beispiel
Klasse XY; TT.MM.JJ; [hier kann der Schreibanlass eingetragen werden]	

	Inhalt	+	+/–	–
immer wichtig	passende Überschrift			
	angemessener Textumfang			
	Bezugnahme auf Anlass/Impuls			
	Arbeitsaufwand			
	individuelle eigene Idee erkennbar			
	die einzelnen Textteile passen zur Grundidee			
	sprachspielerische Elemente			
diesmal wichtig	Einbeziehung eigener Erlebnisse			
	Erzeugung von Spannung			
	Humor/Witz/Komik			
	...			
	...			
	...			
	...			

	Form	+	+/–	–
immer wichtig	sauber und ordentlich geschrieben			
	Wörter richtig geschrieben			
	Sätze vollständig und richtig gebildet			
	Satzzeichen an der richtigen Stelle gesetzt			
	Plausibilität der Abweichung von Sprachnormen			
diesmal wichtig	Verwendung wörtlicher Rede			
	Groß- und Kleinschreibung korrekt			
	...			
	...			
	...			

Bemerkungen/Hinweise:

Erwartungshorizont für: **Mathe-Klausuren (Geometrie)**	Schülername: Britta Beispiel
Klasse XY; TT.MM.JJ; Löse die beigefügten fünf Aufgaben!	

	Inhaltliche und methodologische Aspekte	Faktor	1	2	3	4	5	6
immer wichtig	Erfassung der Aufgabenstellung	1		×				
	Finden eines Lösungsansatzes	3		×××				
	Konsequenz in der Durchführung	3			×××			
	Kalkulatorische Richtigkeit	2					××	
	Nutzung geeigneter Hilfsmittel	1			×			
	Nutzung geeigneter Hilfskonstruktionen	1			×			
	Korrektheit des Ergebnisses	3					×××	
diesmal wichtig	Kongruenzbeziehungen erfasst	2	××					
	Formeln korrekt reproduziert	2	××					
	Summen	18	4	8	15	0	25	0
			Durchschnitt: 52 ÷ 18 = 2,89					

	Form- und Präsentationsaspekte		normal/gut	Malus 0,5	Malus 1,0
immer wichtig	Übersichtlichkeit		×		
	Sauberkeit		×		
	Präzision		×		
	Vollständigkeit			×	
	Sprachrichtigkeit				×
diesmal wichtig	Zeichnungen korrekt beschriftet				×
	Ggf. Malus			0,5*	
	NOTE		2,89 + 0,5 = 3,39		

Bemerkungen/Hinweise:

- Der letzte Teil der dritten Aufgabe wurde nicht bearbeitet!
- Alle relevanten Formeln sind korrekt wiedergegeben!

** Es wurde eine halbe Notenstufe abgezogen, da die Abzüge im Schnitt bei 0,5 liegen!*

Erwartungshorizont für: **Mathe-Klausuren (Geometrie)**	Schülername: Britta Beispiel
Klasse XY; TT.MM.JJ; Löse die beigefügten fünf Aufgaben!	

	Inhalt/Methodik	15	14	13	12	11	10	9	8	7	6	5	4	3	2	1	0
immer wichtig	Erfassung der Aufgabenstellung									×							
	Finden eines Lösungsansatzes										×						
	Konsequenz in der Durchführung							×									
	Kalkulatorische Richtigkeit					×											
	Nutzung geeigneter Hilfsmittel	×															
	Nutzung geeigneter Hilfskonstruktionen												×				
	Korrektheit des Ergebnisses						×										
diesmal wichtig	Kongruenzbeziehungen erfasst				×												
	Formeln korrekt reproduziert	×															
	Summen	30			12	11	10	9		7	6		4				
		89 ÷ 9 = 9,9															

	Form/Präsentation	**i.O.**	1 Minuspunkt	2 Minuspunkte	3 Minuspunkte
immer wichtig	Übersichtlichkeit			×	
	Sauberkeit		×		
	Präzision	×			
	Vollständigkeit			×	
	Sprachrichtigkeit				×
diesmal wichtig	Zeichnungen korrekt beschriftet				×
	Ggf. Malus	(1 + 4 + 6) ÷ 6 = 1,8 Minuspunkte			

	NOTE	9,9 - 1,8 = 8,1 Punkte → Note 3

Bemerkungen/Hinweise:

- Sehr präzise Darstellung!
- Bitte unbedingt mehr auf Sprachrichtigkeit achten!

Erwartungshorizont für:	Schülername:

	Inhalt/Methodik	15	14	13	12	11	10	9	8	7	6	5	4	3	2	1	0
immer wichtig																	
diesmal wichtig																	
	Summen																

	Form/Präsentation	i.O.	1 Minuspunkt*	2 Minuspunkte	3 Minuspunkte
immer wichtig					
diesmal wichtig					
	Ggf. Malus				

	NOTE	

Bemerkungen/Hinweise:

** Ggf. können natürlich auch Bonuspunkte vergeben werden!*

Erwartungshorizont für: **Deutsch-Klausuren (Literatur)**	Schülername: Birgit Beispiel
Klasse XY; TT.MM.JJ; Interpretiere Brechts ‚Schlechte Zeiten für Lyrik'!	

	Inhaltliche und methodologische Aspekte	1	2	3	4	5	6
immer wichtig	Erfassung der Aufgabenstellung				×		
	Tiefe des gezeigten Wissens			×			
	Breite des gezeigten Wissens			×			
	Klarheit des Aufbaus	×					
	Schlüssigkeit der Argumentation		×				
	Intellektuelles Niveau		×				
	Gedankliche Eigenständigkeit		×				
diesmal wichtig	Politische Intention erkannt				×		
	Historischen Kontext erfasst			×			
	Motivtraditionen erkannt		×				
	Anspielungen erkannt			×			
	Naturbegriff problematisiert				×		
	Exilproblematik thematisiert						×
	Metrische Analyse					×	
		×1	×2	×3	×4	×5	×6
	Summen	1	8	12	12	5	6
		Durchschnitt: 44 ÷ 14 = 3,14					

	Form- und Präsentationsaspekte	normal/gut	Malus 0,5	Malus 1,0
immer wichtig	Ordentlichkeit	×		
	Wortwahl	×		
	Satzbau		×	
	Rechtschreibung		×	
	Zeichensetzung			×
diesmal wichtig	Fachterminologie (Metrik)			×
	Stilistik	×		
	Ggf. Malus		0,5*	

	NOTE	3,14 + 0,5 = **3,64**

Bemerkungen / Hinweise:

- Exilproblematik wird überhaupt nicht erwähnt.
- Bitte Zeichensetzung üben!

** Es wurde eine halbe Notenstufe abgezogen, da die Abzüge im Schnitt bei 0,5 liegen!*

Erwartungshorizont für: **Englisch-Klausuren (Literatur)**	Schülername: Birgit Beispiel
Analyse Dickinson's ‚My life closed twice'!	

	Inhaltliche und methodologische Aspekte	1	2	3	4	5	6
immer wichtig	Erfassung der Aufgabenstellung	×					
	Tiefe des gezeigten Wissens	×					
	Breite des gezeigten Wissens	×					
	Klarheit des Aufbaus		×				
	Schlüssigkeit der Argumentation		×				
	Intellektuelles Niveau	×					
	Gedankliche Eigenständigkeit	×					
diesmal wichtig	Ideengeschichtlichen Hintergrund erkannt		×				
	Historischen Kontext erfasst	×					
	Motivtraditionen erkannt	×					
	Anspielungen erkannt		×				
	Todesbegriff problematisiert					×	
	Gattungsgeschichte thematisiert	×					
	Metrische Analyse	×					
		×1	×2	×3	×4	×5	×6
	Summen	9	8	0	0	5	0
		Durchschnitt: 22 ÷ 14 = 1,57					

	Form- und Präsentationsaspekte	normal/gut	Malus 0,5	Malus 1,0
immer wichtig	Ordentlichkeit		×	
	Wortwahl	×		
	Satzbau	×		
	Rechtschreibung		×	
	Zeichensetzung	×		
diesmal wichtig	Fachterminologie Metrik	×		
	Fachterminologie Stilistik	×		
	Ggf. Malus	0,0		

	NOTE	1,57 + 0,0 = **1,57**

Bemerkungen / Hinweise:

- Todesbegriff wird nicht thematisiert.
- Sehr gute metrische Analyse!

Erwartungshorizont für: **Englisch-Klausuren (Sprache)**	Schüler/in: Britta Beispiel
TT.MM.JJ; Translate one of the two articles!	

	Inhaltliche und methodologische Aspekte	Faktor	1	2	3	4	5	6
immer wichtig	Vollständigkeit der Textwiedergabe	3	×××					
	Differenziertheit des Vokabulars	3	×××					
	adäquate Transformation der Syntax	3		×××				
	grammatische Korrektheit	2		××				
	Explikation von Anspielungen	1					×	
	Erfassung konnotativer Bedeutungsaspekte	1			×			
	Wiedergabe klangstilistischer Mittel	3					×××	
diesmal wichtig	Beibehaltung der politischen Tendenz	2	××					
	Interpunktion	2		××				
	Summen	20	8	14	3	0	20	0
			Durchschnitt: 45 ÷ 20 = 2,25					

	Form- und Präsentationsaspekte	normal/gut	Malus 0,5	Malus 1,0
immer wichtig	Sauberkeit	×		
	Leserlichkeit	×		
	Seitenrand	×		
	Zeilenabstand		×	
	Seitennummerierung			×
diesmal wichtig	Nutzung der zugelassenen Hilfsmittel			×
	Ggf. Malus		0,5*	
	NOTE	2,25 + 0,5 = 2,75		

Bemerkungen/Hinweise:

- Die zahlreichen Alliterationen werden nicht wiedergegeben.
- Ein großer Teil der Tempusfehler hätte bei Nutzung der Grammatik vermieden werden können!

** Es wurde eine halbe Notenstufe abgezogen, da die Abzüge im Schnitt bei 0,5 liegen!*

Erwartungshorizont für:	Schüler/in:

	Inhaltliche und methodologische Aspekte	Faktor	1	2	3	4	5	6
immer wichtig	Vollständigkeit der Textwiedergabe							
	Differenziertheit des Vokabulars							
	adäquate Transformation der Syntax							
	grammatische Korrektheit							
	Explikation von Anspielungen							
	Erfassung konnotativer Bedeutungsaspekte							
	Wiedergabe klangstilistischer Mittel							
diesmal wichtig	Beibehaltung der politischen Tendenz							
	Interpunktion							
	Summen							
			Durchschnitt:					

	Form- und Präsentationsaspekte	normal/gut	Malus 0,5	Malus 1,0
immer wichtig	Sauberkeit			
	Leserlichkeit			
	Seitenrand			
	Zeilenabstand			
	Seitennummerierung			
diesmal wichtig				
	Ggf. Malus			

	NOTE	

Bemerkungen/Hinweise:

Erwartungshorizont für:	Schülername:

	Inhaltliche und methodologische Aspekte	1	2	3	4	5	6
immer wichtig							
diesmal wichtig							
	Summen	×1	×2	×3	×4	×5	×6
		Durchschnitt:					

	Form- und Präsentationsaspekte	normal/gut	Malus 0,5	Malus 1,0
immer wichtig				
diesmal wichtig				
	Ggf. Malus			
	NOTE			

Bemerkungen / Hinweise:

Erwartungshorizont für: **Referate**	Schüler/in: Bernd Beispiel
Biologie: Die Sinnesorgane (erste Nutzung von Power-Point)	

	Inhaltliche und methodologische Aspekte	1	2	3	4	5	6
immer wichtig	Erfassen des Themas	×					
	Klarheit des Aufbaus			×			
	Tiefe des gezeigten Wissens			×			
	Breite des gezeigten Wissens		×				
	Medienkompetenz		×				
	Nutzung von Veranschaulichungsmaterial			×			
	Umgang mit Rückfragen					×	
diesmal wichtig	Erläuterung von Aufbau und Funktion des Sinnesorgans		×				
	Summen	1	6	9		5	
		21 ÷ 8 = 2,6					

	Form- und Präsentationsaspekte	1	2	3	4	5	6
immer wichtig	sprachliche Gestaltung		×				
	Zuhörerorientierung				×		
	Foliengestaltung		×				
	Umgang mit der zur Verfügung stehenden Zeit		×				
	schriftliche Zusammenfassung	×					
diesmal wichtig	Nutzung von Power-Point		×				
	Summen	1	8		4		
		13 ÷ 6 = 2,2					

	NOTE	(2,6 + 2,2 = 4,8 4,8 ÷ 2 = 2,4) → gut

Bemerkungen / Hinweise:

- Du hast Power-Point wirklich schon gut genutzt. Wenn du beim nächsten Mal etwas weniger animierst, wird deine Präsentation noch übersichtlicher.
- Du wusstest gut Bescheid und brauchst dich beim nächsten Referat von Rückfragen gar nicht aus der Ruhe bringen lassen. Einfach tief Luft holen und dir Zeit zum Überlegen nehmen!

Erwartungshorizont für: **Referate**	Schüler/in:

	Inhaltliche und methodologische Aspekte	1	2	3	4	5	6
immer wichtig	Erfassen des Themas						
	Klarheit des Aufbaus						
	Tiefe des gezeigten Wissens						
	Breite des gezeigten Wissens						
	Medienkompetenz						
	Nutzung von Veranschaulichungsmaterial						
	Umgang mit Rückfragen						
diesmal wichtig							
	Summen						

	Form- und Präsentationsaspekte	1	2	3	4	5	6
immer wichtig	sprachliche Gestaltung						
	Zuhörerorientierung						
	Foliengestaltung						
	Umgang mit der zur Verfügung stehenden Zeit						
	schriftliche Zusammenfassung						
diesmal wichtig							
	Summen						
	NOTE						

Bemerkungen/Hinweise:

Erwartungshorizont für: **Kunst (Sek. I)**	Schüler/in:

	Inhaltliche und methodologische Aspekte	1	2	3	4	5	6
immer wichtig	Erfassen der Aufgabenstellung						
	Einsatz von Materialien						
	Umsetzung der Mal- oder Gestaltungstechnik						
	Einbringen eigener gestalterischer Ideen						
	Selbstständigkeit beim Arbeiten						
diesmal wichtig	passender Titel gewählt						
	Summen						

	Form- und Präsentationsaspekte	1	2	3	4	5	6
immer wichtig	Sorgfalt und Mühe						
	Vorstellung/Beschreibung des eigenen Ergebnisses						
diesmal wichtig							
	Summen						

	NOTE	

Bemerkungen / Hinweise:

Erwartungshorizont für: **Experimente (im naturwissenschaftlichen Unterricht)**	Gruppe (Namen):

	Inhaltliche und methodologische Aspekte	1	2	3	4	5	6
immer wichtig	Erfassen der Aufgabenstellung						
	Umsetzung der Versuchsanweisungen						
	Skizzieren des Versuchsaufbaus						
	Einbringen eigener Ideen und Lösungsansätze						
diesmal wichtig	Arbeit als Team / in der Gruppe						
	Umgang mit offenen Aufgabenstellungen / Aufforderungen zu eigener Problemlösung						
	Summen						

	Form- und Präsentationsaspekte	1	2	3	4	5	6
immer wichtig	schriftliches Protokoll des Versuchs						
	sprachliche Präsentation der Ergebnisse						
	Verantwortlichkeit im Umgang mit Materialien						
diesmal wichtig							
	Summen						

	GESAMTNOTE:	

Bemerkungen / Hinweise:

Erwartungshorizont für: **(Viertel-/Halb-) Jahresarbeit**	Schüler/in:

	Inhaltliche und methodologische Aspekte	1	2	3	4	5	6
immer wichtig	Thema getroffen						
	nachvollziehbare Gliederung						
	Tiefe des gezeigten Wissens						
	Breite des gezeigten Wissens						
	nachvollziehbare Argumentationsstruktur						
	Veranschaulichung durch Abbildungen, Skizzen, Bilder etc.						
	Richtigkeit bei reproduzierten Anteilen						
	Originalität und Kreativität bei übertragenen oder selbst beigesteuerten Anteilen						
diesmal wichtig	Verhältnis von Reproduktion zu Eigenleistung sollte höchstens 4:1 sein.						
	Summen						

	Form und Sprache	Plus 0,5	0,0	Minus 0,5
immer wichtig	Deckblattgestaltung			
	Inhaltsverzeichnis			
	Seitennummerierung			
	Quellennachweis (Literaturverzeichnis, Abbildungen etc.)			
	Fußnoten			
	Zeichensetzung			
	Rechtschreibung			
	Wortwahl			
	Satzbau			
	pünktlich abgegeben			
diesmal wichtig	vereinbarten Umfang eingehalten			
	Plus- und Minuspunkte:	+		–

	GESAMTNOTE:

Beispiel: Von der Checkliste zum Erwartungshorizont

Beispiel Klassenarbeit „Nacherzählung“, 4. Jahrgang

Checkliste: Nacherzählung

(1) Ich halte die Reihenfolge der Erzählschritte ein.
(2) Ich achte auf Vollständigkeit.
(3) Ich erfinde nichts dazu.
(4) Ich achte auf Merkmale einer guten Erzählung:
- Ich nutze verschiedene Ausdrücke.
- Ich verwende Wie-Wörter (Adjektive).
- Ich verwende wörtliche Rede.

Umsetzung der Checkliste in den Erwartungshorizont

Inhaltliche Kriterien:	**Faktor**	**1**	**2**	**3**	**4**	**5**	**6**
Du hast die Reihenfolge der fünf Erzählschritte eingehalten. 1 ____ 2 ____ 3 ____ 4 ____ 5 ____	3	×					
Deine Nacherzählung ist vollständig.	3		×				
Du hast nichts dazuerfunden.	2		×				
Sprachliche Kriterien:							
Du hast verschiedene Ausdrücke genutzt.	2			×			
Du hast deine Geschichte durch passende Wie-Wörter ausgeschmückt.	1			×			
Du hast die wörtliche Rede richtig verwendet.	1		×				
Gesamt:	**12**	**3**	**12**	**9**			
		24 : 12 = 2,0 **Note: 2 (gut)**					

GESTALTUNG UND VERWENDUNG VON ERWARTUNGSHORIZONTEN

1. Sollen die Erwartungshorizonte hinsichtlich des Aufbaus und des Umfangs einheitlich gestaltet werden?

   ☐ ja, einheitlich für das Fach ________________

   ☐ ja, aber nur in den Fachgebieten ________________

   ☐ nein, keine Vereinheitlichung, sondern individuelle Gestaltung durch jeden Kollegen

2. Soll es in den in unserem Haus benutzten Erwartungshorizonten – seien sie nun vereinheitlicht oder nicht vereinheitlicht – einige konstante Kriterien (‚immer wichtig') geben?

   ☐ ja

   ☐ nur in den folgenden Fällen: ________________

   ☐ nein

3. Sollen diese konstant bleibenden Kriterien (‚immer wichtig') für alle Fächer, Prüfungsarten und Jahrgangsstufen identisch sein? [*Mehrere Antworten möglich.*]

   ☐ ja

   ☐ Differenzierung nach Fächern: ________________

   ☐ Differenzierung nach Prüfungsarten: Klausur, Hausarbeit, Referat ________________

   ☐ Differenzierung nach Jahrgangsstufen

   ☐ die konstanten Kriterien sollen in diesem Gremium erarbeitet werden: ________________

4. Welchen Umfang sollen die Erwartungshorizonte haben?

   ☐ eine Seite (empfohlen)

   ☐ zwei Seiten

   ☐ unterschiedlich je nach Fach/Prüfungsart/Jahrgangsstufe

5. Welches Bewertungssystem soll benutzt werden?

   ☐ Notenstufen

   ☐ Punkte

   ☐ andere Symbole (z. B. ++/+/+ –/–/– –)

6. Soll die unterschiedliche Gewichtung der Kriterien durch differenzierende Hinzufügung variabler Kriterien oder durch Verdopplung/Verdreifachung der bei wichtigeren Kriterien notierten Bewertung (Spalte ‚Faktor') erfolgen?

   Beispiel: Das Kriterium ‚Klarheit des Aufbaus' wird von Ihnen zu den konstanten Kriterien gerechnet und soll doppelt so stark gewichtet werden wie die anderen. Sie können dann die vom Schüler erreichte Note (z. B. ‚4') verdoppeln (also ‚8' notieren) und den Divisor in der Notenformel um 1 erhöhen. Alternativ können Sie im variablen Teil ein differenzierendes zusätzliches Kriterium (z. B. ‚Einleitung, Hauptteil und Fazit wurden markiert') hinzufügen. Das erstgenannte Verfahren empfiehlt sich nur, wenn die Höhergewichtung in *allen* Fällen vorgenommen werden soll.

   ☐ differenzierende Hinzufügung variabler Kriterien

   ☐ Verdopplung/Verdreifachung der notierten Bewertung (zusätzliche Spalte ‚Faktor')

7. Soll es eine feste Bonus-/Malus-Regelung für die Bewertung formalsprachlicher Leistungen und entsprechende Tabellenfelder geben?

   ☐ feste Regelung und Notation im Erwartungshorizont

   ☐ feste Regelung, aber keine Notation im Erwartungshorizont

   ☐ keine feste Regelung und keine Notation im Erwartungshorizont

Fehlerbereiche	Jahrgangs-stufe	fächerüber-greifend	Fach	Anschluss-übungen
I. Sprache ***A. Rechtschreibung:*** ______ ***B. Zeichensetzung:*** ______ ***C. Grammatik:*** ______ ***D. Ausdruck:*** ______				
II. Inhalt ***E. Präzise Begriffs-verwendung*** ***F. Darstellungs-vermögen***				
III. Aufbau ***G. Logische Struktur*** ***H. Gewichtung von Wichtigem und Unwichtigem***				
IV. Prozess ***I. Umgang mit Zeit*** ***J. Textüberarbeitung***				

Auswertungsbogen Aufgaben- und Prüfungsanalyse

(in Anlehnung an Sacher 2006: 8)

Frage	*ja*	*nein*	*Was ist ggf. zu tun?*
War die **Zeit** ausreichend bemessen?			
War der **Schwierigkeitsgrad**[1] angemessen? a) Die Aufgaben waren zu leicht, wenn mehr als 90 % der Schüler die Aufgaben lösen konnten. b) Die Aufgaben waren zu schwer, wenn weniger als 10 % sie lösen konnten.			
Gibt es Aufgaben, die nicht von Zielerreichern deutlich häufiger gelöst werden als von Zielverfehlern? (Ist dies nicht gewährleistet, weist die Aufgabe keine **Trennschärfe** auf.)			
Häufen sich **Fehler und Ausfälle** bei einer bestimmten Aufgabe?			
Wurde das gesteckte **Lernziel insgesamt erreicht** und kann mit dem Unterricht in gewohnter Form fortgefahren werden?			

1 Modell zur Ermittlung des Schwierigkeitsgrads: Eine Klausur ist korrigiert und die erreichte Punktzahl bereits pro Arbeit festgelegt. Der Lehrer ordnet die Klausuren nach erreichter Punktzahl und teilt sie in eine obere (OH) und eine untere Hälfte (UH). Bei ungerader Teilnehmerzahl bleibt eine Klausur in der Mitte. Pro Aufgabe wird nun die Anzahl der richtigen Lösungen für OH und die UH ermittelt. Dann erfolgt die Berechnung des Schwierigkeitsgrads p = OH + UH / Schülerzahl × 100. Beispiel: p = 15 + 5 / 30 × 100 = 66 %.

Leitfaden zum Vorgehen bei Schülern mit LRS/Legasthenie

Leitfaden der ______________________-Schule zum Vorgehen bei Schülern mit LRS/Legasthenie

Stand: ______________________

Es diagnostiziert:		
Mit folgendem Diagnoseinstrument/nach folgender Diagnostik:		
Auf jeden Fall anerkannt werden Gutachten von folgenden (weiteren) Stellen:		
Für im obigen Sinne anerkannte Schüler mit LRS/Legasthenie gibt es an unserer Schule folgende Förderangebote:		
Eltern betroffener Kinder sind über Folgendes zu informieren:		
Mit Eltern werden folgende Vereinbarungen getroffen:		
Für im obigen Sinne anerkannte Schüler mit LRS/Legasthenie gibt es an unserer Schule folgende vorgeschriebenen und möglichen Regelungen zu Nachteilsausgleich und Abweichung:	**Muss**-Bestimmungen:	**Kann**-Bestimmungen:
Hilfreiche Fördermaterialien können u. a. folgende sein: Standort der Materialien:		

Leitfaden zum Vorgehen bei Schülern mit Rechenschwierigkeiten/Dyskalkulie

Leitfaden der ______________________-Schule zum Vorgehen bei Schülern mit Rechenschwierigkeiten/Dyskalkulie

Stand:______________________

Es diagnostiziert:		
Mit folgendem Diagnoseinstrument/nach folgender Diagnostik:		
Auf jeden Fall anerkannt werden Gutachten von folgenden (weiteren) Stellen:		
Für im obigen Sinne anerkannte Schüler mit Rechenschwäche/Dyskalkulie gibt es an unserer Schule folgende Förderangebote:		
Eltern betroffener Kinder sind über Folgendes zu informieren:		
Mit Eltern werden folgende Vereinbarungen getroffen:		
Für im obigen Sinne anerkannte Schüler mit Rechenschwäche/Dyskalkulie gibt es an unserer Schule folgende vorgeschriebenen und möglichen Regelungen zu Nachteilsausgleich und Abweichung:	**Muss**-Bestimmungen:	**Kann**-Bestimmungen:
Hilfreiche Fördermaterialien können u. a. folgende sein: Standort der Materialien:		

Leitfaden der *Brüder-Grimm*-Schule zum Vorgehen bei Schülern mit LRS/ Legasthenie (Bsp. aus NRW) Stand: 26.10.2009		
Es diagnostiziert:	1. die Deutschlehrerin, der Deutschlehrer	
	2. ergänzend: schulpsychologischer Dienst	
Mit folgendem Diagnoseinstrument/nach folgender Diagnostik:	zu 1. HSP + qualitative Förderdiagnostik	
	(zu 2. Intelligenztest und Lese-Rechtschreibtests nach ICD 10)	
Auf jeden Fall anerkannt werden Gutachten von folgenden (weiteren) Stellen:	Pädaudiologen, spezialisierten Augenärzten (u. a. Orthoptisten)	
	Praxis Dr. Müller	
	gutschrift-Institut	
Für im obigen Sinne anerkannte Schüler mit LRS/Legasthenie gibt es an unserer Schule folgende Förderangebote:	Binnendifferenzierung innerhalb des Wochenplans und während Arbeitsphasen (andere Aufgaben und Übungen)	
	spezielle Fördermaterialien (s. u.)	
	Zusatzförderkurs (immer, wenn Lehrerstunden vorhanden)	
Eltern betroffener Kinder sind über Folgendes zu informieren:	Leistungsstand des Kindes, Fördermaßnahmen, Nachteilsausgleich und Abweichungen (falls nötig), wie und was kann zu Hause sinnvoll geübt werden	
Mit Eltern werden folgende Vereinbarungen getroffen:	Teilnahme an Zusatzfördermaßnahme (wenn sie angeboten werden kann) verpflichtend; Ausnahme: das Kind hat schon ein gutes, zeitintensives außerschulisches Förderangebot	
Für im obigen Sinne anerkannte Schüler mit LRS/Legasthenie gibt es an unserer Schule folgende vorgeschriebenen und möglichen Regelungen zu Nachteilsausgleich und Abweichung:	**Muss**-Bestimmungen:	**Kann**-Bestimmungen:
	A. Rechtschreibnote muss aufs Zeugnis, aber (s. rechts):	A. Rechtschreibnote kann für die Gesamtnote Deutsch weniger gewichtet werden (1:3:3; Rechtschreibung:Lesen: Sprachgebrauch)
	B. Lesenote auf dem Zeugnis darf nicht nach pädagogischen Gesichtspunkten erteilt werden	C. Nachteilsausgleich: - mehr Zeit geben - größere Schrift - vorstrukturierte Texte und Aufgabenstellungen
		D. Abweichung: - andere Aufgaben (dem Lernstand angemessen) stellen und diese dann bewerten - Rechtschreibung wird in Aufsätzen gar nicht gewertet
		F. Bemerkung kommt bei Abweichung aufs Zeugnis, bei Nachteilsausgleich nicht
Hilfreiche Fördermaterialien können u. a. folgende sein: Standort der Materialien: Lehrerzimmer: blauer Material-Schrank, 2. Fach von oben	**Hören, Lauschen, Lernen** von Küspert und Schneider und **Münsteraner Training** von Mannhaupt (phonol. Bewusstheit)	
	Rechtschreibkartei von Beate Lessmann	
	Rechtschreibschwäche muss nicht sein (4 Hefter) von Borghild Rehak; Duden Paetek	
	Lauttreue Leseübungen von Findeisen u. a.	
	Computerprogramm **Segmenti**	

Ermittlung von Attributionsmustern und deren Auswirkung auf die Lernmotivation

Nutzungsmöglichkeit: Man schreibt die Kommentare von Schülern oder eigene Kommentare in die linke Spalte ein und kreuzt an, welches Attributionsmuster auf die jeweilige Aussage zutrifft. Dann kann überlegt werden, welchen Einfluss das gerade ermittelte Schema vermutlich auf die Lernmotivation des Schülers haben wird.

Beispielhafte Schüleraussagen/Lehreraussagen	**Lokalität**		**Stabilität**		**Kontrollierbarkeit**		**Lernmotivation**	
	intern	extern	stabil	variabel	beeinflussbar	nicht beeinflussbar	sehr wahrscheinlich zu steigern*	nur schwer zu steigern

* Die höchste Wahrscheinlichkeit, zum Weiterlernen motiviert zu werden, ergibt sich meistens aus der Kombination von: intern (ich bin verantwortlich), variabel (nicht Begabung, sondern Lernen/Anstrengung haben dazu geführt), beeinflussbar.

Korrekturzettel für die Sek. I

Korrekturzettel für Arbeit Nr.

im Fach **zum Thema**

In folgender Reihenfolge werde ich korrigieren:

1.

2.

3.

Auszuwerten nach Rückgabe der Arbeit:

Haben mir die Korrekturen etwas gebracht?

1.

2.

3.

Durch die Korrektur welches anderen Fehlers hätte ich mehr Fehler vermeiden können?

–

Korrekturzettel für die Grundschule

Arbeit ______________________ **Datum** ____________

Darauf sehe ich die Arbeit noch einmal durch:

1.

2.

Fehleranalyse (Sek. I)

Fehleranalyse

zu Arbeit/Aufsatz: ______________________________ vom: ____________

Trage in die erste Zeile der Tabelle deine Rechtschreibfehler ein und notiere in die zweite Zeile einen Strich für den Fehler. Immer, wenn du den gleichen Fehler gemacht hast oder die gleiche Regel verletzt hast, mache in die zweite Zeile an der passenden Stelle nur noch einen Strich.

Markiere mit Fragezeichen, was dir bei der Einordnung Schwierigkeiten bereitet.

Fehler in der Rechtschreibung:

Rechtschreib-fehler					
Anzahl					

Rechtschreib-fehler					
Anzahl					

Anmerkungen (Lehrer/Mitschüler):

– ______________________________

– ______________________________

Fehler in Satzbau und Grammatik:

Fehler					
Anzahl					

Anmerkungen (Lehrer/Mitschüler):

– ______________________________

– ______________________________

Inhaltliche und andere Fehler:

Fehler					

Anmerkungen (Lehrer/Mitschüler):

– ______________________________

– ______________________________

Fehleranalyse Grundschule

Diese Fehler habe ich in der letzten Arbeit besonders oft gemacht:

Das war der **Fehler**	1.	2.	3.	4.
So oft habe ich den Fehler gemacht				

So kann ich es besser machen:

meine Idee	1.	2.	3.	4.
Idee von **Mitschülern** oder meiner **Lehrerin**				

Fehleranalyse Fremdsprachen (Sek. I)

Fehleranalyse

zu Arbeit/Aufsatz: ______________________________ vom: ____________

Trage in die erste Zeile der Tabelle deine Fehler ein und notiere in die zweite Zeile einen Strich für den Fehler. Immer, wenn du den gleichen Fehler gemacht hast oder die gleiche Regel verletzt hast, mache in die zweite Zeile an der passenden Stelle nur noch einen Strich.

Markiere mit Fragezeichen, was dir bei der Einordnung Schwierigkeiten bereitet.

Fehler					
Anzahl					

Fehler					
Anzahl					

Anmerkungen (Lehrer/Mitschüler):

– ______________________________

– ______________________________

– ______________________________

Visualisierungsschema zur Selbsteinschätzung

Name: ______________________________ Datum: ______________

Ratschläge geben, Ratschläge annehmen (Grundschule, ggf. Förderschule)

Ratschläge geben

A. Ich halte mich an die **Butterbrot-Regel.**

Das hat mir:	gut gefallen		++++
	nicht so gut gefallen	*oder einfach:*	000
	gut gefallen		++++

B. Ich sage immer, **warum** ich etwas gut (nicht so gut) finde.

Ich finde (den Anfang deiner Geschichte) toll, weil

Mir hat deine Geschichte gefallen, weil (du so spannend erzählt hast).

Ich fand dein Referat nicht ganz so gut, weil ich glaube, dass da noch vieles fehlte.

C. Ich **lobe** (tadele) nicht meinen Mitschüler, sondern ich lobe (tadele) die **Dinge**, die er gemacht hat. Ich sage deshalb nicht: Du bist gut oder klug. Du bist schlecht oder doof.

Sondern ich sage: Das hast du gut gemacht. Das Bild hast du wirklich gut gemalt. Du hast dir aber viel Mühe gegeben. Ich finde, die Geschichte war noch nicht spannend genug.

D. Wenn mir etwas nicht gefällt, schlage ich vor, wie man es **besser machen** könnte. Beispiel: Wenn man immer eine Reihe freilässt, kann man den Text viel besser lesen.

E. Ich bin **ehrlich**, wenn ich jemandem rate. Ich sage auch meinem besten Freund, was ich an seiner Arbeit nicht so gut finde. Wenn ich jemanden nicht ganz so gern mag, sage ich ihm trotzdem, was er gut gemacht hat.

Ratschläge annehmen

A. Ich **höre** dem anderen gut **zu.** Verstehe ich etwas nicht, frage ich nach.

B. Ich **rechtfertige** mich nicht. **Wir sind nicht im Boxring!** Ich weiß, dass keiner gegen mich ist, wenn er sagt, wie ich etwas besser machen kann. Es ist schön, wenn mir jemand hilft!

C. Ich überlege, welche von den Ratschlägen mir **weiterhelfen** können, und merke mir 1 – 2 dieser Ratschläge (meine Lehrerin hilft mir dabei).

Regeln zum Thema Feedback (Sekundarstufe)

Feedback geben

A. Die **Sandwich-Regel**: Ich darf nur ein Feedback geben, wenn ich erst etwas Positives sage, dann etwas kritisiere und mit etwas Positivem wieder schließe.

Das hat mir:	gut gefallen		++++
	nicht so gut gefallen	*oder einfach:*	000
	gut gefallen		++++

B. Ich gebe mein Feedback in der **Ich-Form** und **begründe** es:

Es beginnt mit Sätzen wie:

Ich finde (den Anfang deiner Erörterung …) gelungen, weil …

Ich glaube, das müsste man anders machen/das geht so nicht, weil …

Mein Feedback enthält dagegen keine Sätze wie:

Du hast (das/xy) falsch gemacht!

Deine Folien kann man echt abhaken – da erkennt man ja gar nichts!

C. Ich **kritisiere die Sache**, die ich nicht gelungen finde, und **nicht die Person**:

Ich versuche, **genau** zu sagen, **was mir an der Sache** (dem Referat/der Formulierung/dem Bild/dem Musikvortrag) **(nicht) gefallen hat**.

Es geht **nicht** darum, zu sagen, was mir an Leon oder Lisa nicht gefällt!

Beachte ich das, ist es für Leon/Lisa auch einfacher, meine Kritik anzunehmen.

D. Ich sage nicht nur, was mir nicht gefällt, sondern auch, **wie man es besser machen könnte** (konstruktive Kritik):

Wenn ich etwas nicht gelungen finde, gebe ich Tipps, wie man es besser machen könnte.

Meinem Mitschüler ist noch nicht geholfen, wenn er nur weiß, was nicht so gelungen ist. Es kann ihm aber sehr helfen, wenn ich ihm vorschlage, wie er es besser machen könnte.

E. Ich bin **ehrlich**, wenn ich ein Feedback gebe.
Ich kritisiere die Arbeiten meines besten Freundes/meiner besten Freundin genauso wie die aller anderen Schüler. Lob für gute Leistungen und viel Mühe bekommt auch der (die), den (die) ich nicht so gut leiden kann.

F. Halte ich mich nicht an die Regeln, ist mein Feedback ungültig und Lehrer und Mitschüler dürfen mich unterbrechen.

Feedback annehmen

A. Ich **frage nach** und **höre zu.**
Ich höre dem anderen konzentriert zu und versuche, ihn zu verstehen. Verstehe ich etwas nicht, frage ich nach.

B. Ich **rechtfertige** mich nicht – **Wir sind nicht im Boxring!** Keiner ist gegen mich! Wir tauschen nur Meinungen aus.
Ich muss mich gegen Kritik nicht (direkt) verteidigen und sollte Rechtfertigungen vermeiden. Die anderen sagen ihre Meinung. Die kann stimmen und mir weiterhelfen oder auch nicht.

C. Ich **wähle** Kritik **aus**, die mir weiterhilft und die ich annehmen will.
Wofür wurde ich gelobt? Was wurde kritisiert? Was davon ist für mich wichtig? Mit welchen Verbesserungsvorschlägen kann ich etwas anfangen? Was will ich für die nächste Präsentation o. Ä. besonders beachten?